大師的零玉

——陳寅恪、胡適和林語堂的一些瑰寶遺珍

劉廣定 著

拾玉記

在學術研究，教育事業或藝文創作等方面有重大成就可以傳世，且其處世從業之德行足資效法者，可尊之為大師。大師必有與眾不同的優點，才能在芸芸眾生中脫穎而出。民國以來，當得上大師的前輩長者為數不少，豐功偉業之外，總有些不為一般人注意的零玉碎金，但仍彌足珍貴。至於這些散落人間的小件瑰寶，如何為人拾得，則要靠因緣際會了。

陳寅恪（1890～1969），胡適（1891～1962）和林語堂（1895～1976）三位都是筆者從中學時代起就景仰的大師。最早知道的是胡先生。初中一年級國文課本裡有他的「烏鴉」白話詩。記得王民強老師授課時補充了許多有關胡先生的事跡，包括提倡「八不主義」，對新文學的貢獻等。令人極為欽佩，特別是表現他不願學燕子「呢呢喃喃的討人家歡喜」，也不肯做雀兒受人擺佈「討一把黃小米」的這些詩句，半個多世紀來常縈在心，也左右了日後的思維和行為，迄今猶然。

第二位引起筆者注意的是林語堂先生，原先只知他是倡導中文幽默文學的「幽默大師」，英文極佳，寫過許多本介紹中國人和中國的英文小說。但令人印象深刻

的卻是英語老師鄧文禮先生，向大家介紹林先生的《開明英文讀本》時強調序言中所說的「馬馬虎虎，糊塗了事，不但英文學不好，任何事都做不好。」這句話多年來一直是筆者的座右銘。

至於知道陳寅恪先生，則是一樁「巧」事。高中時期國文課讀到〈長恨歌〉後不久，筆者在先堂叔祖崇鉉先生家，正好看見他案頭放著一本《元白詩箋證稿》的影印本。那是陳先生這本鉅著在大陸出版後，台灣有人限量影印分贈陳先生的友人門生及相關人士，先叔祖與陳先生是清華歷史系同事，故也獲得一本。猶記當時翻開看到陳先生箋註的〈長恨歌〉，讀後發覺真是「與眾不同」。至今逾半世紀未忘的，一是唐天子迄至玄宗只有「四軍」而非「六軍」。另是七月夏日玄宗未嘗駕幸華清宮，而華清宮的「長生殿」為祀神之齋宮，不可能兩人夜半曲敘兒女私情。故所謂「六軍不發無奈何」，「七月七日長生殿，夜半無人私語時」皆是不諳國家典章制度詩人之臆度。當時老人家見筆者愛不釋手乃將該書見賜，並告知：陳先生的學問極好，是當年清華園中「教授的教授」。當然從此陳先生就成為筆者景仰的對象，但也覺無法望其項背而放棄學文。

進入大學後筆者雖專修化學，然也偶讀文史類書刊遣日，與包括上述三位在內的許多大師的傳記掌故文章自是涉獵的對象。約在1980年左右開始於公餘從事科學史和近代中國科技發展史的研究，故每有機會前往美國，日本參加會議或考察，輒抽空前往圖書館或書肆尋覓資料。1995年七月前往日本福岡參加「九州物理有機化學國際研討會」時，在天神區一家書店不期發現有林語堂英譯紅樓夢的日文本，乃購得一冊。回台北查閱林太乙的《林語堂傳》與正中書局主編

之《回顧林語堂》（林語堂先生百年紀念文集），居然均不見有相關的記載，故寫了一篇〈林語堂的英譯紅樓夢〉寄《國家圖書館館刊》於1996年發表，是拾大師零玉的開始。

　　十年來陸續成稿約二十篇，多已發表於台灣報刊，也有少數曾為大陸刊物轉載。本集中選含有關陳寅恪先生者四篇，胡適之先生者七篇及林語堂先生者一篇共十二篇。其中除上述林語堂先生英譯紅樓夢一篇為不期之遇後所作外，其他十一篇及附錄二文約可分成三類，一是為大師冥誕或逝世紀念所寫，期彰顯少人知曉的成就及獨特見解，包括第1, 2, 3, 5, 6各篇。關於「甲戌本石頭記」（第6篇）一文更係因有紅學界人士誤解胡先生隱瞞「甲戌本」真象及藏私，乃就所知為之辨誣兼彰其德行。第二類是讀到他人著作，覺有明顯錯誤或疏漏而欲述己見，如第4, 9, 10, 11四篇皆是。第三類是有感而作，如第7篇，乃因見到在大陸上受尊為「紅學泰斗」的周汝昌一直不肯承認與胡先生的「師生關係」，又炮製了一些完全不符當年實情的「爭執」故事，頗不齒其所為。故據1948年周、胡兩人往來書信，撰成本書最長之文，以強調胡先生的高尚品德及獎掖後學的熱情。第8篇則是因見當今某些學界人士無國家觀念，唯利是圖，而報導胡先生1952年八月後雖在美國無固定職業，仍因愛國而拒絕牛津大學講座教授之提名。

　　所附書評兩篇，一是介紹一本持平敘述陳寅恪先生治學成就且可讀性高的書，希望讀者一讀該書以更了解陳先生的偉大。一是指出屬於「院士叢書」之《重尋胡適歷程》有不足處，且該書之不足實係引起筆者撰寫第10、11兩篇有關哈德曼太太拙文的動機。

　　本書中多篇已就新見之資料予以補充，改寫，均在文末註明。各

文因原發表報刊體例不同，故呈現方式有差，即使部分改寫者亦未調成一致。其第1篇〈陳寅恪與科學史〉仍維持原論文格式加附註説明，以示筆者了解問題之經過。又第2，5，6，12與《紅樓夢》相關的各篇，雖於結集時補充，改寫，仍與已收入拙作《化外談紅》者文字大致相同，均請讀者見諒。

劉廣定
2006年九月九日

目錄

第一章

陳寅恪先生的科學史研究

一、前言

陳寅恪先生（1890～1969），江西省修水縣人。修水縣舊隸義寧州，故習稱義寧陳氏。陳先生具有超人之智慧與毅力，據說能背「十三經」之大部分，[註1]識中外古今文字十餘種。[註1,2]其學識應乃近代學人中最淵博者。他是二十世紀最有成就的國學大師，1946年起雖失明猶不輟教課、研究與著述，更是今古一人。陳先生早年曾有幾篇與科學史有關的論文，其中兩篇尤具啟發性；一涉及曹沖稱象與華佗醫術，一探討滿文《幾何原本》之來歷。惜乏人重視，科學史研究者亦少言及。今予介紹，供同好參考。

二、「曹沖稱象」的故事

《三國志》魏志卷二十載有「曹沖稱象」的故事，其文曰：

鄧哀王沖，字倉舒。少聰察歧嶷，生五六歲，智意[註3]所及，有若成人之智。時孫

權曾致巨象，太祖欲知其斤重，訪之群下，咸莫能出其理。沖曰：置大象船之上，而刻其水痕所至，稱物以載之，則校可知矣。太祖大悅，即實行焉。

據此文所記，曹操之子曹沖極為聰穎，幼年即會利用成人還不懂的浮力原理來稱象重。因而筆者經眼的，如李約瑟、[註4] 劉昭民、[註5] 戴念祖、[註6] 王錦光和洪震寰[註7]等所著幾種中國物理學史專書都舉之為例，證明中國人在公元二百年左右已知浮力原理，會藉浮力稱量。

然而陳寅恪先生早已發現這段記載是有疑問的。陳先生通曉梵文，曾在清華和北大開授「佛經翻譯文學」課，[註8]並發表多篇相關論文。民國十九年在《清華學報》六卷一期所刊「三國志曹沖華佗傳與佛教故事」即為其一。[註9]

陳先生在該文中認為：《三國志》「本文往往有佛教故事，雜採附益於其間，特蹟象隱晦，不易發覺其為外國輸入耳。」乃舉《雜寶藏經》卷一

江西省修水縣所立陳氏四代五人的豐碑，左前是陳寅恪的

清華學報

第六卷第一期目錄

中華民國十九年六月

三國志曹冲華佗傳與佛教故事　一七

陳寅恪

陳承祚著三國志，下筆謹嚴。裴世期為之註，頗採小說故事以補之，轉失原書去取之意，後人多譏之者。實則國志本文往往有佛教故事，雜糅附益於其間，特以歷年久遠，不易發覺其為外國輸入者耳。今略舉數事以證明之，或亦審查古代史料眞僞者之一助也。

魏志卷二十鄧哀王沖傳云：

'鄧哀王沖字倉舒，少聰察岐嶷，生五六歲，智意所及，有若成人之智。時孫權曾致巨象，太祖欲知其斤重，訪之羣下，咸莫能出其理。沖曰，置巨象大船之上，而刻其水痕所至，稱物以載之，則校可知矣。太祖大悅，卽施行焉'。

葉水心習學記言卷二十七論此事曰：'倉舒童孺，而有仁人之心，能升稱象，為世開智物理，蓋天禀也'。是直信以為事實。何義門以倉舒死於建安十三年前，知其事為妄飾，而疑刻水刻舟，算術中或本有此法。[illegible]所載[illegible]王命水官浮大象而量之，謂其事已在前。([illegible])然皆未得其出處也。攷北魏吉迦夜共曇曜譯雜寶藏經卷一棄老國緣云。

'天神又問，此大白象有幾斤？而羣臣共議，無能知者。亦募國內，復不能知。大臣問父，父言：置象船上，著大池中，畫水齊船，深淺幾許，卽以此船量石著中，水沒齊畫，則知斤兩。卽以此智以答天神'

案雜寶藏經雖為北魏時所譯，然其書乃雜採諸經而成，

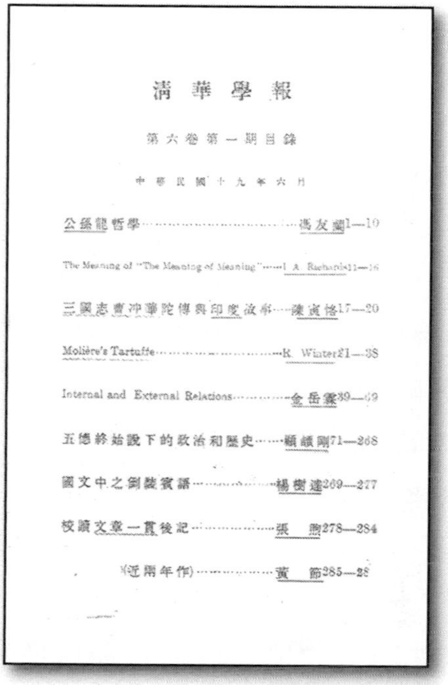

1930年清華學報中陳寅恪有關曹沖、華佗的論文

「葉老國緣」之故事：

天神又問：此大白象有幾斤？而群臣共議，無能知者。亦募國內，復不能知。大臣問父，父言：置象船上，著大池中，畫水齊船，深淺幾許，即以此船量石著中，水沒齊畫，則知斤兩。即以此智以答天神。

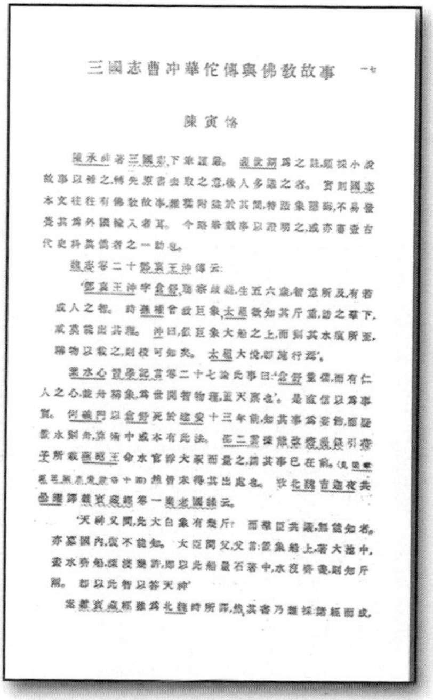

他以為雖此經係北魏時譯成，但此傳說於較早時期「僅憑口述，

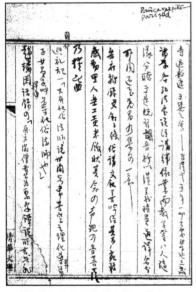

陳寅恪「佛經翻譯文學」手稿

亦得輾轉流傳於中土,遂附會為倉舒之事,以見其智。」

那麼,何以「稱象」不能在曹沖身上發生呢?這是因為不合於史實,前人早已察知。清人梁章鉅《三國志旁證》云:(註10)

> 何焯曰:孫策以建安五年死,時孫權初統事,至建安十五年權遣步騭為交州刺史,士燮率兄弟奉承節度,此後或能致巨象,而倉舒已於建安十三年前死矣,知此事妄飾也。置水刻船,疑算術中本有此法。

由於漢代中土已無象,而曹沖殤於獻帝建安十三年五月,年十三。孫權在建安十三年赤壁之戰前只領有江東六郡,含現在江浙與江西安徽的一部分,在建安五年也就是曹沖「五六歲」時只是「會稽太守」,恐無「象」可以送給曹操。何義門曾揣測中國古算書裏原有此法,陳先生則從佛經裡找到這一故事的來源。他說:(註9)

> 但象為南方之獸,非曹氏境內所能有,不得不取其事與孫權貢獻事混

成一談，以文飾之，此比較文學之通
例也。

另上引《三國志旁證》又云：
「邵晉涵曰：《能改齊漫錄》引《苻
子》所載燕昭王大豕，命水官浮而
量之事，已在其前。」陳先生未予討
論，但以何、邵兩人「皆未得其出處
也。」故他似認為宋人所記《苻子》
之說也是本於佛經故事。

然而，這並不是說中國人很遲才
懂得浮力原理。《考工記》一書筆者以
為是秦漢之際編成的，[註11]其「輪人」
一節中敘述做車輪之法，有「揉輻必
齊，平沈必均」及「水之，以眡其平
沈之均也」的句子。車輪必須整體均
勻，轉動效果才好。知道把木製車輪放
在水裡，由其浮沈的深淺來判斷是否已
勻稱，證明那時的人早已了解浮力原
理。

三、華佗的醫術

在〈三國志曹沖華佗傳與佛教故
事〉文中，陳先生還提出另一重要問

1930年陳寅恪夫婦與長女合照

題，即《三國志》魏志卷二十九「華佗傳」所述華佗的多種醫術，如「斷腸破腹，數日即差。揆以學術進化之史蹟，當時恐難臻此。」故認為「其有神話色采，似無可疑。」[註9]

　　《三國志》記載：「華佗字元化，一名旉。」因古人取字必與名相合，裴松之注：「佗字元化，其名宜為　也。」故陳先生以「華佗」應實有其人，但其本名為「華敷(旉)。」他從《㮈女耆域因緣經》查到有關天竺神醫「耆域」傳說，其種種醫術及遭遇與華佗甚相似。又從梵文及中國古音讀法推知「華佗」古音「gad'a」，乃梵語「agad'a」（舊譯「阿伽佗」或「阿羯佗」）之簡化，是「藥」之義，就如「阿羅漢」簡做「羅漢」一樣。換言之稱華敷為「華佗」，「實以藥神目之」。把印度傳說中的神醫故事也加在他身上，連史家陳壽都未察知。

　　但不少人相信華佗之事跡為真，[註12]並以「佗」與其治「蟲」病的本領有關，因「佗」即「它」，與「蛇」，「蟲」等象形相同。不過據《三國志》所載，華佗有弟子吳普，樊阿等，並沒有人得其「治蟲」、「麻醉」和「外科手術」之傳。或可為華佗本無其術之證，也可支持陳先生「佛教故事」之説。

　　我國古代醫藥文化受印度佛教影響很多。陳邦賢[註13]及陳勝崑[註14]著作中都有專節敘述，但他們所採用只是醫書和史書中相關的記載。另有大陸學者馬伯英[註15]與英國學者古克禮（Christopher Cullen）[註16]也曾利用印度典籍Susruta Samhita（《妙聞集》）探討中國古代醫學問題。但印度古籍的年代難定，因而據以研「史」則欠嚴謹。陳寅恪先生取傳入中土之佛經為證，由於譯經年代較易確定，故可信度亦高。

陳寅恪、胡適和林語堂的一些瑰寶遺珍

再者，科學技術的發展有其一定程序，研究科學史，決不能忽視。《三國志》所載華佗的醫術，如「病若在腸中，便斷腸湔洗，縫腹摩膏，四五日差，不痛，人亦不自寤，一月之間即平復矣。」在一千八百年前似不可能，故相關記載應屬傳說之附會。陳先生雖是文史學界巨擘，也具慧眼能知科學，尊之一代宗師可也。

四，滿文《幾何原本》

陳先生知滿文，故民國十七年在北京圖書館讀到清宮舊藏滿文《幾何原本》七卷，發現雖說是歐幾里得原著的前六卷，但和徐光啟、利馬寶合譯的《幾何原本》卻不同。他隨後取梅文鼎主纂的《數理精蘊》中之十二卷「幾何原本」比校、研究而於民國二十年的《歷史語言研究所集刊》第二本第三分發表一篇論文。[註17]他首先察知二者體製，內容相符，「惟滿文本所分卷數間有不同，所列條款及其數目之多寡亦往往與數理精蘊本不合。」也

陳寅恪留學時期照片

幾何原本滿文譯本跋

陳　寅恪

幾何原本滿文譯本寫本七冊，前藏奉緝殿。蓋歐几里得前六卷之譯本也。戊辰仲冬，予以病北平北海圖書館影印本讀之。此本不旣氏氏之名而譯印。故與利泰西徐文定公共譯本相異。予取數理精蘊卷十二之幾何原本校之，故與利泰西徐文定公共譯本之相同。惟滿文本所分章數節不同。所列諸款及其數目名不悉在往往與數理精蘊本不同。如滿文本之第六卷即數理精蘊之第六卷至第十卷。熱數理精蘊本第六卷至第十卷而滿文本之第六卷則為九十惟。又滿文本之文復有顯出數理精蘊本之者。如滿文本之卷一一至官行論經不載數理精蘊本中。此二本之互異者。二本之文字譯錄及含用辭句則大致符合。此二本之相同者也。今據統二本之長則，絡不論滿文本之數或精蘊本之。和數理精蘊本為自然文本。要之此二本既互異，則無疑此本之一者，則相較其。督此數理精蘊本刊而與科徐共譯本刪削者。復與諸科杜臨布之幾何論初及方位征之覈度附可附補刊校所為不同者。侷以利徐共譯本刪削者，曾不相類。原版藏殿貯清宮內。且諸雜康次之。往諸游華海外，偶於圖書館若夏氏氏（Sommervogel）耶路教會書述目錄見滿文幾何原本之名。考法蘭西人文彩學吉書目一（H. Cordier: Bibliotheca Sinica Vol. II P. 1092）天彰初函此於乾隆二十三年譯吉譯文。但彼諸科共譯本非自奉緝殿之七卷本。今見七卷本敌非利徐共譯本。又不見利徐共譯本之題刻本。然不如其所列出。然數理精蘊中之刪圖，本記改而而譯稱節錄（譯字隱乎所存）。數理精蘊本之幾何原本滿文即之幾何原本滿文譯本，原書一吉祖注於滿譯會譯子之子，而夏氏氏與稱即書諸譯。當市即此書本也。夫幾几里得之書，條理統系。精密絕倫，非僅論數論象之書。實為希甚民族精神之所表現。此滿文譯本及數理精蘊本者朝刪取而不殘。而不知本改竟是失其精粹。邦與政治子偵條理統絙。析有中，維於政土儒傳泮死敬究之緒，志有不寬假之意。然鬥門之學。與彼此之所不同。若一懷俟擾。未必能勇易原書讀鈌。

—281—

1931年史語所集刊中陳寅恪有關
幾何原本的論文

都比原本為簡。陳先生憶及遊學歐陸時曾知「歐邏巴洲十六七世紀，歐幾里得之書屢經編校刊行，頗有纂譯簡易之本，以資淺學實習之用者。」他因而查知德意志人浩爾資曼（Wilhelm Holtzmann）所譯德文幾何原本前六卷之本。其自序略云：

此本為實用者而作，實用者僅知當然已足。不必更示以所以然之理。故凡關於證明之文，概從芟略云。（見Thomas L. Heath英譯幾何原本第二版第一冊第一百零七頁）

故他的結論是：

予因之疑此滿文譯本及數理精蘊本皆間接直接出於與浩氏相類似之本。而數理精蘊本恐非僅就利徐共譯本所能刪改而成者。惜局處中土，無從廣徵歐書舊刊，為之證明耳。

而除探討滿文幾何原本的來歷外，文中還有兩項重要見解。他曾指出：

夫歐幾里得之書，條理統系，精密絕倫，非僅論數論象之書，實為希臘民族精神之所表現。此滿文譯本及

數理精蘊本皆經刪改，意在取便實施，而不知轉以失其精意。

而在全文之末曰：

然則此七卷之滿文譯本者，蓋景陵當日幾暇格物之書，西海疇人重譯頡門之業，迄乎茲世，猶在人間，即此一般因緣，已足加珍護。況復藉以得知歐幾里得前六卷之書，赤縣神州自萬曆至康熙百年之間。已一譯而再譯，則其事之關係於我國近世學術史，及中西交通史者至大，尤不可以尋常滿文譯籍等視之矣。

惜這些讜論，當代中國數學史家少有注意者。[註18]而從陳寅恪先生這篇論文更顯示務必讀原典才能了解真義，才知科學並非孤立事件而實乃文化之一部分。陳先生所言歐氏之書「實為希臘民族精神之所表現」，不悉今世後學，能體會者幾希！

五，後記

本文於2000年發表後，始知早在1987年已有林伯謙先生對「三國志曹沖華佗傳與佛教故事」之質疑（《中華文化復興月刊》20卷6期頁61-72）。其主要論點是「孫權獻象」一事極有可能，「華佗開腸」等醫技，古代類似記載不少故並非不可能。又閱周一良先生《魏晉南北朝史札記》，知「不僅長江流域有象，五六世紀時淮水以北尚有象也。」（頁202-203）唯問題之癥結在東漢末年孫權領地是否有象？《後漢書》卷八十六「南蠻西南夷列傳」記「（和帝）永元六年，郡徼外敦忍乙王莫延慕義，遣使譯獻犀牛、大象。」知當時中原及江南已不見象。若有象出現，應如《魏書》卷十二「孝靜帝紀」所云因獲象而改元為「元象元年」，是史書不會忽略的大事。孫權在建安

陳寅恪讀藏文資料之筆記

1950年全家在嶺南大學校園中合影

五、六年只是會稽太守，侷促今江浙一帶，後漸擴充地盤，才自交廣引入能舞之象。建安十三年新都郡郡守賀齊平民變歸郡時「權出祖道，作樂舞象」（《三國志》卷六十「吳書。賀全呂周鍾離傳」）可為一證。特別是建安五、六年時孫策剛死，孫權年未弱冠，局勢不穩，若出現象隻，豈有不宣揚以振其威之事？宜乎陳先生不信獻象之事為真也。至於「華佗開腸」及類似故事的確曾多次出現，但不合科學，仍強以為「極有可能」，則不欲一辯矣。（補註）

陳寅恪先生等身之著作中和科學史，醫學史有關的論文，除上文所舉的這兩篇外，1937年還有一篇〈狐臭與胡臭〉。（《寒柳堂集》頁157-160）揣測我國醫書中所謂「腋氣」又稱「狐臭」或「胡臭」之病與胡人有關；並舉唐人崔令欽《教坊記》「范漢女大娘子」及五代人何光遠《鑑戒錄》有關李珣的記載為證。但陳先生說：「范漢女大娘子雖本身實有腋氣，而其血統則僅能作出於西胡之推測。李珣雖血

統確是西胡，而本人則僅有腋氣之嫌疑。證據之不足如此，而欲依之以求結論，其不可能，自不待言」。又1950年所撰〈崔浩與寇謙之〉（《金明館叢稿初編》頁120-158）一文中言及道家寇謙之與可能是佛教徒的成公興間關係，指出「寇謙之採用佛教徒輸入天算醫藥之學，以改進其家世傳之道教」和「製取當時佛教徒輸入之新律學以清除整理其時頗不理於人口之舊傳天師道」，說明魏晉南北朝時我國接受外來學說及技術之事實。皆是以往研究中西交通史與文化學術史者未注意者。

陳先生有關科學史的論文雖不多，又非煌煌大篇。唯零玉碎金亦甚有價值，且富指引後學者之意義。如能顯示：

（一）史料的重要。建安五、六年間孫權贈象事無佐證，故曹沖稱象故事可疑。

（二）科學的重要。從現代醫學觀點而言，華佗開腹洗腸為不可能。

（三）外國知識的重要。中外交通對中華文化發展關係密切，外國之有關知識不能忽視。

（四）原典的重要。因讀原典才能了解真義，而非人云亦云。

（五）交叉思考的重要。故可發現常人不見之問題。

另自先生的這幾篇考証文字，可見其讀書之用心，思慮之縝密，推理之嚴謹，而着墨審慎又極合邏輯方法、科學態度。為其同時代大多數學者所不如，後人能超越者也不多。

謹補記，並為先生八十年前(1925年)開始執教清華研究院之紀念。

註1：俞大維，「談陳寅恪先生」，載《談陳寅恪》（臺北：傳記文學出版社，1970），頁1－13。

註2：季羨林，「從學習筆記本看陳寅恪先生的治學範圍和途徑」，載《紀念陳寅恪教授國際學術討論會文集》（廣州：中山大學出版社，1989），頁74－87。

註3：「意」一本作「慧」。見：易培基，《三國志補注》卷第二十。

註4：Joseph Needham, Science and Civilisation in China, Vol. IV:1, p. 39, Cambridge University Press, 1962.

註5：劉昭民，《中華物理學史》（臺北：臺灣商務印書館，1987），215－216頁。

註6：戴念祖，《中國力學史》（石家莊：河北教育出版社，1988），386－392頁。

註7：王錦光、洪震寰，《中國古代物理學史略》（石家莊：河北科學技術出版社，1990），頁79。

註8：蔣天樞，《陳寅恪先生編年事輯》（上海：上海古籍出版社，1997），頁69－75。

註9：陳寅恪，《寒柳堂集》（北京：三聯書店，2001），頁176-181。

註10：梁章鉅，《三國志旁證》卷十四。

註11：劉廣定，《漢學研究》17卷1期，頁1－12（1999）。

註12：例如：馬伯英，《中國醫學文化史》（上海：上海人民出版社，1994），頁285－291。

註13：陳邦賢，《中國醫學史》（1937年初版；臺北：臺灣商務印書館重印），頁91－101。

註14：陳勝崑，《中國傳統醫學史》（臺北：時報文化公司，1979），頁86－93。

註15：馬伯英，《中國醫學文化史》（上海：上海人民出版社，1994），頁353。

註16：「醫療與中國社會學術研討會」（1997年6月26－28日，南港，中央研究院）發表之論文。但說明只是發言稿，「not as a fully referenced an annotated scholarly work for publication」。

註17：陳寅恪，《金明館叢稿二編》（北京：三聯書店，2001），頁106-108。

註18：例如：Joseph Needham, Science and Civilisation in China, Vol. III, p. 109, Cambridge University Press, 1959；藪內清，《中國算學史》（東京：岩波書店，1974），林桂英、簡茂祥譯本（臺北縣：聯鳴文化公司，1981）等均是。

結集補註：北京中國藝術研究院主辦之《中國文化》22期於2006年五月出版。其頁151-162有龔鵬程先生〈清華國學院傳奇〉一文，提出清華研究院國學門多項可議之處。筆者不學，於各點之了解不多，未敢置喙。唯對「華佗」說法之評，擬陳拙見。

龔先生云：

「陳寅恪…初返國門，任教於清華時…上課主要就是講梵文和西方的"東方學"，研究也以中古佛教史為範圍。對中古佛教史之

考證，則集中於語文方法之應用。…

當時國人對於此等語文知識，極為陌生，故於他所言，不免驚其河漢，為之低首下心。藍文徵回憶道：“上課時，我們常常聽不懂。他一寫，哦！才知道那是德文、那是俄文、那是梵文，但要叩其音、叩其義，方始完全了解。”（陳哲三《陳寅恪先生軼事及其著作》引述）。

此，大概就是當時人們讀陳寅恪此類文章之感受。對印度史事、文獻及語文缺乏相應之知識，亦根本無從判斷他說得對不對。

但是，穿過語文障礙後，這些考證的價值其實頗為可疑。華陀的古音是否真與Gada相近，就值得討論。縱令相近，又何以證明華陀不是他本來之姓名，而是民間比附印度神話故事，取神藥之名以稱其人？何況，這個考證，是假設當時社會上已廣泛流行著印度神藥的故事，深中人心，故才會將華陀比附於這個故事。這個假設，在文中非但缺乏論證，甚且更將假設設成結論。」

按前引[註9]陳先生〈三國志曹沖華佗傳與佛教故事〉論文中先由裴松之注：「佗字元化，其名宜為尃　也」，知「華　尃」應是正名。繼述清人杭世駿據宋人葉夢得之說，而懷疑華佗傳故事之真實性。然後說：「是昔人固有疑其事者。夫華佗之為歷史上真實人物，自不容不信。然斷腸破腹，數日即差。揆以學術進化之史蹟，當時恐難臻此。其有神話色采，似無可疑。檢天竺語…」。才由比較梵文及佛經神醫「耆域」與「華佗」故事之相似性，而得結論：「總而言之，三國志曹沖華佗二傳，皆有佛教故事，輾轉因襲雜揉附會於其間，…其變遷之跡象猶未盡亡，故得賴之以推尋史料之源本。」文

末並言：「夫三國志之成書，上距佛教入中土之時，猶不甚久，而印度神話傳播已若是之廣，社會所受之影響已若是之深，遂致承祚之精識，猶不能別擇真偽，而並筆之於書。」且提示「則又治史者所當注意之事，固不獨與此二傳之考證有關而已也。」

故知陳先生對「華佗」之疑，設題本常理，求證有依據，方法合邏輯，而結論具深意。因其強調必須重視外來文明對中國的影響，而實際此見解之正確性已屢獲證明。至於懷疑「華佗」古音非「gad'a」但不求證，又不信古人取字應與名合之習慣而質問「何以證明"華佗"不是本名？」皆非問學之正道也。

【初載：《中華科技史同好會會刊》第一期（2000年），頁2-5；又載《自然辯證法通訊》2000年第6期。增訂稿刊於《清華大學與中國近現代科技》，北京，清華大學出版社，2006年，頁132-140。2006年七月再修訂】

陳
寅
恪
談
《
紅
樓
夢
》

一、前言

　　二十世紀中國的著名國學大師陳寅恪先
生（1890－1969），博聞彊識，據他的表弟、
也是妹夫俞大維説他能背十三經之大部分，
通中外古今文字十數種。〔《談陳寅恪》（臺
北：傳記文學出版社，1970年），頁1－13〕。
陳先生對掌握之學問及資料，能觀察入微、
融會貫通。而其聯想靈活細膩，辯證清晰合
理，學術成就近代無人可與相匹。1946年起
雖失明仍不輟教課、研究與著述，且成就斐
然，應是世界文化史之「金氏記錄」。1958
年，「中國科學院」院長郭沫若竟説：

　　就如我們今天在鋼鐵生產等方面十五年
　　內要超過英國一樣，在史學研究方面，我們
　　在不太長的時間內，就在資料占有上也要超
　　過陳寅恪。……陳寅恪辦得到的，我們掌握
　　了馬列主義的人為什麼還辦不到？我才不相
　　信。一切權威，我們都必須努力超過他。
　　〔陸鍵東，《陳寅恪的最後貳拾年》（北

1963年陳寅恪夫婦與次、幼兩女合照

寒柳堂集

俞大維題

台灣版寒柳堂集俞大維題名

京：三聯書店，1995年），頁238〕

　　然十五年「超英趕美」原屬妄人夢囈，欲藉馬列主義「超過」陳寅恪先生，也是螳臂擋車，徒留笑柄。1969年，陳先生不幸以八秩高齡久病之身，在廣州受紅衛兵迫害而大星隕歿，噩耗傳出，海內外學界同悼。

　　其實，陳先生的「功力」原在見聞博洽、素養深厚與善用資料，而非僅是「資料占有」。據王子舟著《陳寅恪的治學方法》（臺北：新視野圖書出版公司，1999年）所引述（頁229-230），陳先生的高足季羨林教授說過：

　　寅恪先生從來不以僻書來嚇人。他引的書都是最習見的，他卻能在最習見中，在一般人習而不查中，提出新解，令人有化腐朽為神奇之感。

　　陳先生在所著《論再生緣》中曾自述：

　　寅恪少喜讀小說，雖至鄙陋者亦取寓目。〔《寒柳堂集》（北京三聯書店），頁1〕

　　晚年更「以小說詞曲遣日」〔《詩

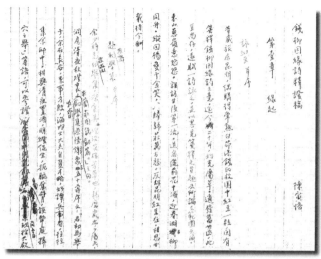

陳寅恪「柳如是別傳」手稿

集　附唐篔詩存》（北京三聯書店），頁128〕，因而詩中偶會提及小說內容，如〈閱報戲作二絕〉之一曰:「石頭記中劉老老，水滸傳裡王婆婆」，〔《詩集　附唐篔詩存》，頁20〕。他曾在多種論述中引用過古典通俗小說如《紅樓夢》、《西遊記》、《聊齋誌異》、《兒女英雄傳》等，也對小說本身有所評議。惜一般研究者少予重視。1999年筆者為紀念其逝世三十週年，特自經眼的幾種陳先生著作 中摘出與《紅樓夢》有關者十六條，略加說明，以供讀者參考，並示季羨林之言不虛。後又得五條，乃予補充。唯仍難免掛一漏萬，至祈高明惠為補正是幸。

二、陳寅恪有關《紅樓夢》之見解

　　筆者在陳先生的著作《柳如是別傳》，《元白詩箋證稿》及《論

國初鈔本原本紅樓夢一

第一回

甄士隱夢幻識通靈　賈雨村風塵懷閨秀

此開卷第一回也。作者自云因曾歷過一番夢幻之後，故將真事隱去而借通靈之說，撰此石頭記一書也。故曰甄士隱云云。但書中所記何事何人？自又云今風塵碌碌，一事無成，忽念及當日所有之女子，一一細考較去，覺其行止見識皆出於我之上。何我堂堂鬚眉誠不若彼裙釵哉？實愧則有餘，悔又無益之大無可如何之日也。當此則自欲將已往所賴天

上海有正書局印俞明震（下）
原藏紅樓夢書影（上）

再生緣》書中總共找到十八條與《紅樓夢》小說有關者，分述於下。

1、《柳如是別傳》（北京三聯書店）第一章「緣起」云：（頁2-3）

寅恪少時家居江寧頭條巷。是時海內尚稱又安，而識者知其將變。寅恪雖年在童幼，與亦有所感觸，因欲縱觀所未見之書，以釋幽憂之思。伯舅山陰俞觚齋先生明震同寓頭條巷。兩家衡宇相望，往來便近。俞先生藏書不富，而頗有精本。如四十年前有正書局石印戚蓼生鈔八十回石頭記，其原本即先生官翰林日，以三十金得之於京師海王村書肆者也。

此段說明「有正本」《紅樓夢》原本的來源。俞明震即俞恪士，其姪俞大綱也說過：

有正書局印戚蓼生本，是我的伯父俞恪士先生的藏本，民國初年送給狄楚青先生，狄先生主持有正書局業務時付印。大約有正書局為了爭取銷路，才題上『國初鈔本』四字。〔《戲劇縱橫談》（臺北：傳記文學

出版社，1979年），頁67〕

　　表兄弟兩人分在海峽兩岸，未通音訊，但說法一致。因而應係正確無誤，研究《紅樓夢》版本者不可忽視。

　　2、《柳如是別傳》第五章「復明運動」中比較陳臥子與宋尚木各記南明福王弘光元年乙酉上元節之詩文，得知一處「張燈陳樂，觀魚龍之戲」而另地為「滿城無燈」。陳先生因而想到《紅樓夢》六十三回的「脂評」，他說：

　　則是夕南宗伯署中（參前引有學集貳拾贈黃皆令序）與松江城內普照寺西之宅內（見王澐雲間第宅志「陳工部所聞給諫子龍宅」條。）一熱一冷之情景，大有脂硯齋主（寅恪案，脂硯齋之別號疑用徐孝穆玉臺新詠序「然脂暝寫」之典，不知當世紅專名家以為然否？）評紅樓夢「壽怡紅群芳開夜宴」回中「芳官嚷熱」節之感慨（見脂硯齋重評石頭記庚辰四閱評過本陸參回）。唯脂硯齋主則人同時異，而潁川明逸（見王澐續臥子年譜順治二年乙酉八月條後附案語。）則時

1948年俞大維（左1）大綱（右3）與陳氏兄弟、姪女陳小從（右1）合影

紅樓夢「庚辰本」63回頁三下書影

同人異，微有區別而已。」（頁877）

　　按「庚辰本」《石頭記》六十三回「芳官滿口嚷熱」下有雙行批：

　　余亦此時太熱了，恨不得一冷。既冷時思此熱果然一夢矣！〔（臺北：宏業書局影印，1978年）頁1488。〕

　　此批語僅又見於「己卯本」《石頭記》而其他各本皆無。但「庚辰本」影印問世在1955年，其時陳先生早已失明。1957年陳先生六十八歲曾有兩首詩，〔《詩集 附唐篔詩存》，頁128〕其一題為：「丁酉陽曆七月三日六十八歲初度，適在病中，時撰錢柳因緣詩釋證，尚未成書，更不知何日可以刊布也。感賦一律」；另一首題為「用前題意再賦一首，年來除從事著述外，稍以小說詞曲遣日，故詳語及之」。因推知陳先生之能引用「庚辰本」《石頭記》的「脂批」乃他在「遣日」時「聽」讀小說所得，可見他是無時無刻不繫心於研究、不用心思考的。

　　再者，陳先生以「脂硯齋」取意「然脂暝寫」，與紅學界一般看法

有異，極有參考價值。他本人甚喜「然脂」之義，數用於存詩中，如「弄墨然脂作記疏」（無題）〔《詩集　附唐篔詩存》（北京三聯書店），頁109〕，「然脂猶想柳前春」（乙未陽曆元旦作時方箋釋錢柳因緣詩未成也）〔《詩集　附唐篔詩存》，頁111〕，「然脂功狀可封侯」（丙申六十七歲初度曉瑩置酒為壽、賦此酬謝）〔《詩集　附唐篔詩存》，頁122〕與「然脂暝寫費搜尋」（箋釋錢柳因緣詩完稿無期，黃毓祺案復有疑滯感賦一首）〔《詩集　附唐篔詩存》，頁130〕等皆是。

3、《柳如是別傳》第三章討論柳如是著「男洛神賦」時云：（頁137）

寅恪偶檢石頭記肆參『不了情撮土為香』回，以水仙菴所供者為洛神。其參捌回為『林瀟湘魁奪菊花詩』。蓋作者受東坡集『書林逋詩後』七古「不然配食水仙王，一盞寒泉薦秋菊。」句之影響。

由東坡詩句將《紅樓夢》中這兩段故事連貫、聯想，陳先生之外恐少人有此功力。

4、《柳如是別傳》第四章評錢牧齋之一序文「有八股氣味」時，引《四庫全書總目》《欽定四書文》，又引《紅樓夢》第八十二回黛玉勸寶玉讀書一大段文字（即「黛玉微微的一笑，因叫紫鵑……」一段），並加按語：（頁522）

寅恪案，清高宗列陶菴之四書文為明代八大家之一，望溪又舉退之習之為言，尤與牧齋之語相符合。今檢方氏所選陶菴之文多

河東君訪半野
堂和韻小景

柳如是畫像

至二十篇，足證上引宋長孺『陶菴先生四子經義，為有明三百年一人』之語，實非過情之譽。至林黛玉謂『內中也有近情近理的，也有清微淡遠的』，即四庫總目所謂『清真雅正』及『詞達理醇』者，如陶菴等之經義，皆此類也。噫！道學先生竟能得林妹妹為知己，可視樂善堂主人及錢朱方三老之推挹為不足道矣。一笑！

學術論文中能用雅緻風趣之筆，且貼切自然。可謂當世無兩。

5、《柳如是別傳》第四章言及因有人描寫柳如是（河東君）「冬月御單袷衣，雙頰作朝霞色」，故認為河東君可能服食砒劑。他説：（頁572）

吾國舊時婦女化妝美容之術，似分外用內服兩種。屬於外者如脂粉及香熏之類，不必多舉，屬於內服者，如河東君有服砒之可能及薛寶釵服冷香丸（見石頭記第柒第捌兩回）

按一般均由《紅樓夢》第七回認為冷香丸為一虛構之藥物，且以其治「喘

嗽」應有效。但若讀到第八回即知寶釵
服冷香丸後，口中有香味，引起寶玉注
意。而十九回更從寶玉「聞得一股幽香
卻是從黛玉袖中發出，聞之令人醉魂酥
骨」及黛玉所說「蠢才，蠢才，你有玉
人家就有金來配你，人家有冷香你就沒
有暖香去配？」（從「程甲本」）可知
無論寶釵或黛玉皆欲以香「媚人」。指
出寶釵服用冷香丸為「美容之術」，應
是陳先生的創見，亦可見其讀書之細
心。

6、《柳如是別傳》第四章言柳如
是體弱多病，錢柳二人自崇禎十四年正
月二日至上元，同遊拂水山莊，又偕往
蘇州。但半月間無唱和之作，到元夕纔
有詩。陳先生據錢牧齋之詩認為：「則
河東君之離常熟，亦是扶病而行者。」
隨即又云：（頁583）

今日思之，抑可傷矣。清代曹雪
芹糅和王實甫『多愁多病身』及『傾
國傾城貌』，形容張崔兩方之辭，成
為一理想中之林黛玉。殊不知雍乾百

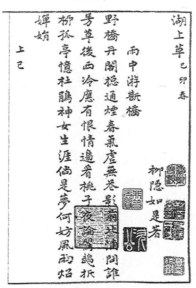

柳如是詩頁

年之前，吳越一隅之地，實有將此理想而具體化之河東君。真如湯玉茗所寫柳春卿夢中之美人，杜麗娘夢中之書生。後來果成為南安道院之小姐，廣州宮女之秀才。居然中國老聃所謂『虛者實之』者，可與希臘柏拉圖意識形態之學說，互相證發，豈不異哉！」

這是一種解釋小說的理論，劉夢溪由此推論：〔《紅樓夢與百年中國》（石家莊：河北教育出版社，1999年），頁461。〕

按照這種理論，則《紅樓夢》所寫完全可以有 "雍乾百年之前，吳越一隅之地" 人物故事的依據，即所謂 "虛者實之" 之意。

以陳先生此說暗示《紅樓夢》小說有可「索隱」處。實際上，已有人以柳如是號「蘼蕪君」而薛寶釵號「蘅蕪君」、「柳」「薛」兩姓皆屬「河東郡」等為據，認為：〔嚴中，《紅樓夢學刊》1998年第4輯，頁216-217。〕

凡此種種，說明曹雪芹在著《紅樓夢》時，是 "用意搜" 到柳如是的軼事作為素材來塑造薛寶釵這位冷美人的。

若此說可信，則上文（5）陳先生所言之「柳如是有服砒之可能及薛寶釵服冷香丸」亦為一證。

7、《柳如是別傳》第四章述劉履丁（字漁仲）與人參之關係時，說明古今人參的不同，陳先生並說：（頁717）

漁仲於明季由北京至南方，挾此後起外來之奇貨以當多金，豈為行俠救貧耶？抑或求利自濟耶？寅恪非中醫，且無王夫人『賣油的娘子水梳頭』之感嘆（見紅樓夢第柒柒回），故於人參之功效，不敢妄置一辭。但就此區區藥物，其名實之移轉，價格之升降言，亦

可以通古今世變矣。

能引用《紅樓夢》中王夫人一句閒語,可見其對此書內容之熟嫻,反而有些小說辭典如周汝昌主編的《紅樓夢辭典》(廣州:廣東人民出版社,1987年),卻忽略了。

8、《柳如是別傳》第五章(頁1144-1145),討論「海棠十月夜催花」詩句,舉謝肇淛《五雜俎》「十月謂之陽月」為證,又引《紅樓夢》九十四回「宴海棠賈母賞花妖」中賈母所說的話:

這花兒應在三月裡開的,如今雖是十一月,因節氣遲,還算十月,應著小陽春的天氣,因為和暖,開花也是有的。

是陳先生以《紅樓夢》某些內容所記合於事實的一例。

9、《柳如是別傳》第三章之末(頁347)解釋柳如是「詠寒柳」一詞中「春日釀成秋日雨,念疇昔風流、暗傷如許」句云:

『釀成』者,事理所必致之意,實悲劇中主人翁結局之原則。古代希臘亞力斯多德論悲劇,近年海甯王國維論紅樓夢,皆略同此旨。

知陳先生曾讀過王國維先生的《紅樓夢評論》,贊同其「悲劇說」,也對古希臘哲學有所了解。

10、《柳如是別傳》第三章述及陳臥子「蝶戀花(春曉)」,其過片云:「枝上流鶯啼不絕,故脫餘綿,忍耐寒時節…」。在「餘綿」下有註曰:(頁273。)

寅恪案：「餘綿」謂當日女性臥時所着之綿緊身也。可參紅樓夢壹百玖回「候芳魂五兒承錯愛」節。

　　《紅樓夢》該回先寫寶玉獨宿，盼夢黛玉而不得。次晚五兒麝月作陪，寶玉藉欲漱口叫起五兒，談晴雯事，又怕五兒着涼，將自己蓋的　襖子遞給五兒。但「五兒不肯接，說：⋯我有我的衣裳。說着回到自己鋪邊，拉了一件長　襖披上⋯」（「程甲」、「程乙」同）。陳先生以此段故事內容為臥子詞之註釋，可見其對《紅樓夢》內容之熟嫻。

　　11、《柳如是別傳》第三章註釋陳臥子「秋居雜詩」第七首之自注語「舒章招予遊橫雲，予病不往」句云：（頁323-324）

　　寅恪案：陳忠裕全集貳玖「橫雲山石壁銘」⋯可據以推知舒章別墅秋冬之際，景物最佳。斯舒章所以招邀名士名姝於秋日往游之故歟？舒章是舉，殆於謝靈運擬魏太子鄴中集詩序所謂「天下良辰美景賞心樂事四者難并」之旨，有所體會。（見文選叁拾）但臥子此時則轉抱林黛玉過梨香院牆下、聽唱牡丹亭「良辰美景奈何天、賞心樂事誰家院」及「則為你如花美眷、似水流年」之感恨矣。

　　以林黛玉與陳臥子心情相比，如臥子地下有知，當引寅恪先生為知己矣。

　　12、《元白詩箋證稿》（（北京三聯書店），頁100）第四章「艷詩及悼亡詩」也說：

　　微之夢遊春自傳之詩、與近日研究紅樓夢之『微言大義』派所言有可參證者焉。昔王靜安先生論紅樓夢。其釋『秉風情、擅月

貌，便是敗家的根本。」意謂風情月貌為天性所賦，而終不能不敗家者乃人性與社會之衝突，其旨與西土亞歷斯多德之論悲劇及盧梭之第雄論文暗合。

表示陳先生並不排斥「微言大義」說，也再次說明他對《紅樓夢評論》及一些西哲言論之了解。

13、《元白詩箋證稿》（頁359）「校補記」討論第一章「長恨歌」中「宛轉娥眉馬前死」句，評劉夢得詩句「貴人飲金屑，倏忽舜英暮」以貴妃乃吞金自盡說法之不妥。蓋其理由是：

據今日病理家理論，吞金絕不能致死。紅樓夢記尤二姐吞金自盡事，亦與今日科學之不合也。

可見陳先生熟知紅樓故事，又能以現代醫學知識批判之，非多數紅學家之所能也。

14、《論再生緣》中探討乾隆四十五年順天鄉試科場舞弊案發配伊

陳寅恪夫人唐篔題《元白詩箋證稿》

陳寅恪夫人唐篔題〈論再生緣〉

型的四名罪犯，言恆泰、春泰非代人作弊者，其下附語，又用《紅樓夢》的故事：（《寒柳堂集》，頁53-54）

　　恆泰、春泰本是駐防烏魯木齊之蒙古族，當不工於代古聖立言之八股文及頌今聖作結之試帖詩。（如戚本石頭記第壹捌回『慶元宵賈元春歸省，助情人林黛玉傳詩』中林黛玉代倩作弊，為其情人賈寶玉所作『杏簾在望』五律詩，其結語云『盛世無飢餒，何須耕織忙』及第伍拾回『蘆雪庵爭聯即景詩，暖香塢雅製春燈謎』中李紋李綺所聯『即景聯句』五言排律詩，其結語云『欲誌今朝樂，憑詩祝舜堯』等即是其例。又悼紅軒主人極力摹寫瀟湘妃子，高逸邁俗，鄙視科舉，而一時失檢，使之賦此腐句，頌聖終篇。若取與燕北閒人兒女英雄傳第參拾回「開菊宴雙美激新郎，聆蘭言一心攻舊業」中渴慕金花瓊林宴及誥封夫人之十三妹比觀，不禁為林妹妹放聲一哭也。）

　　按黛玉「頌聖」不止一次，《紅樓夢》七十六回凹晶館聯詩時，黛玉曾吟「色健茂金萱，蠟燭輝瓊宴」句，湘雲即評道「只不犯著替他頌聖去。」而前述（4）條引八十二回也表示黛玉並不完全鄙視科舉，故似非寫書人「一時失檢」。

　　15、《論再生緣》「校補記」述乾隆二十二年規定自乾隆二十四年已卯科鄉試起始，加試五言八韻唐律一首，而說：（《寒柳堂集》，頁99。）

　　可知自乾隆二十四年已卯以後，八股文與試帖詩同一重要，故應試之舉子、無不殫竭心力，專攻此二體詩文。今通行本一百二十回之石頭記，為乾隆嘉慶間人所糅合而成者，書中試帖之詩頗多，

蓋由於此。

陳先生此一觀點甚重要，指出《紅樓夢》有關「試帖之詩」部分寫作時代在乾嘉年間。雖忽略「程高本」乾隆五十六年已印成之事實，但其中一些律詩乃後人所為的說法，頗為可信。惜紅學研究者未注意，即筆者前討論「成書年代」時雖舉「史湘雲傳詩」為證，（《紅樓夢學刊》1995年第1輯，頁191－200）也因不知陳先生此說而未引述。

16、釋《再生緣》十六卷六十四回末節「起頭時，芳草綠生纔雨好，收尾時，杏花紅墜已春消。良可嘆，實堪誇。（寅恪案，「誇」疑當作「謿」。）流水光陰暮復朝…」時云：（《寒柳堂集》頁58-59）

寅恪案，端生雖是曹雪芹同時之人，但其在乾隆三十五年春暮寫成再生緣第壹陸卷時，必未得見石頭記，自不待言。所可注意者，即端生杏墜春消，光陰水逝之意固原出於玉茗堂之『如花美眷，似水流年』之句，卻適與紅樓夢中林黛玉之感傷不期冥會。（戚本石頭記第貳參回「西廂記妙詞通戲語，牡丹亭艷曲警芳心」之末節）。不過悼紅僅間接想像之文，而端生則直接親歷之語，斯為殊異之點，故再生緣傷春之詞尤可玩味也。

可見陳先生觸類旁通之深厚功力。由此也可知他視《紅樓夢》為「間接想像之文」，且以乾隆三十五年《紅樓夢》尚未流傳。

17、《論再生緣》之校補記有敘述陳端生之母汪氏幼時曾隨父母旅官雲南事，也談到《紅樓夢》的內容：（《寒柳堂集》，頁103-104）

或有執石頭記述賈政放學差及任江西糧道，王夫人，趙姨娘，周姨娘皆不隨往以相難。鄙意石頭記中不合事理者頗多，如晴雯所補之孔雀毛裘，乃謂出自俄羅斯國之類。若更證以才女戴蘋南隨其翁趙老學究赴江西學政之任旅後於任所一事，尤為實例實據。

可知陳先生認為《紅樓夢》內容也有「不合事理者」，而其論證實有依據。

18、《論再生緣》中曾說：（《寒柳堂集》，頁68）

至於吾國小說，則其結構不如西洋小說之精密⋯如水滸傳、石頭記 與儒林外史等書，其結構皆甚可議。

由此看來，陳先生認為中國之長篇古典通俗小說在結構上，不如西洋名著。

除上列十八條陳先生親撰關於《紅樓夢》小說之見解外，民國八年陳先生留學美國時，亦曾向友人以《紅樓夢》人物為例表達對「情」的看法。據吳宓1919年三月二十六日之日記：

⋯陳君又論情之為物，以西洋所謂 Sexology 之學，及歐洲之經歷參證之，而斷曰：（一）情之最上者，世無其人，懸空設想，而甘為之死，如《牡丹亭》之杜麗娘是也。（二）與其人交識有素，而未嘗共衾枕者次之，如寶黛等及中國未嫁之貞女也。（三）又次之，則一度枕席，而永遠紀念不忘，如司棋與潘又安，及中國之寡婦是也。（四）又次之，則為夫婦終身而無外遇者。（五）最下者，隨處接合，惟欲是圖，而無所謂情矣。此與中國昔人之論有合也。〔吳學昭：《吳宓與陳寅恪》（北京：清華大學出版社），頁15〕

當時又因吳宓於1919年3月2日在哈佛大學中國學生會講「紅樓夢新談」而陳先生有七律一首以贈，題為「紅樓夢新談題辭」，其詩如下：（陳寅恪《詩集 附唐篔詩存》，頁9。）

等是閻浮夢裡身，夢中談夢倍酸辛。青天碧海能留命，赤縣黃車更有人。（自注：虞初號黃車使者）世外文章歸自媚，燈前啼笑已成塵。春宵絮語知何意？付與勞生一愴神。

表示那時他藉《紅樓夢》小説吐露海外遊子之心情。

再者，1954年陳先生有「無題」詩云：（《詩集 附唐篔詩存》，頁109。）

世人欲殺一軒渠，弄墨燃脂作計疏。猵子吠聲情可憫，狙公賦芋意何居。早宗小雅能談夢，未覓名山便著書，回首卅年題尾在，處身夷惠泣枯魚。

筆者初讀此詩，雖因詩末有「昔跋春在翁有感詩…」之註，知為俞平伯所寫，但魯鈍不解其意。後知李堅〔李堅，《柳如是別傳與國學研究》（胡守

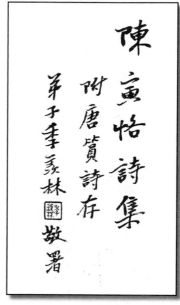

季羨林題《陳寅恪詩集》

為主編）頁115，浙江人民出版社，1995年〕及劉夢溪〔《文藝研究》2001年第1期，頁26-37。〕均以此詩乃為俞平伯該年因《紅樓夢研究》遭受迫害，而發不平之鳴。故可由此詩而證寅恪先生對1954年大陸發生之「紅樓夢事件」乃採絕對「否定」的立場。

三、結論

陳寅恪先生對《紅樓夢》之內容甚為熟諳，能舉出他人未言之例來說明其個人獨到的見解。除對於小說故事之一些評論及解釋外，指出書中有合理也有不合理處，也說出有關此書幾個重要問題的意見。

1、版本方面：說明有正書局「戚序本」之來源，並不區分前八十回和後四十回。

2、脂批方面：以「脂硯齋」取意「然脂暝寫」，與一般紅學家之看法不同。

3、作者方面：以書中有後人增入部分，如「試帖之詩」；作者並不鄙視科舉。

4、小說本義：視之「具悲劇性」，為「間接想像之文」，也有「微言大義」。

陳先生雖僅發表二十一條意見，然多極有價值。可惜晚年失明，又居嶺南，無緣得悉有關《紅樓夢》之各種「新資料」詳情。否則貢獻或能更大。

【初載：《國立中央大學人文學報》19期，1999年，頁69-84；2006年八月增訂】

第三章

陳寅恪先生未來台灣的原因試探

今年七月三日是一代國學宗師陳寅恪先生的一百一十歲冥誕。陳先生，江西省修水縣人，光緒十六年（公元1890）庚寅五月十七日生於湖南長沙。「文革」時受迫害，一九六九年十月七日逝於廣州，享年八十。國共內戰時期，陳先生任教於北平清華大學，並兼中央研究院歷史語言研究所第一組（歷史）主任。民國三十七年十二月北平被圍，十五日與北大胡適之校長等乘國民政府專機南下。次年元月十六日搭輪船離上海，十九日抵廣州任嶺南大學教授。雖其至親俞大維（妹夫也是親表弟，時掌國民政府交通部）、摯友傅斯年（也是親表妹夫，台灣大學校長），一再敦促就途，而中央研究院歷史語言研究所的圖書文物與大部人員也均已遷台，陳先生卻留居廣州未來台灣以迄辭世。

一般的說法

陳先生為什麼不願離開廣州呢？

初到嶺南。1949年陳寅恪（左）與王力（右）在嶺南大學校園

一九六七年十二月曉瑩夫人代寫的「第七次交代」中只説：

> …傅斯年多次來電催往台灣，我堅決不去。至於香港是英帝國主義殖民地。殖民地的生活是我平生所鄙視的。所以我也不去香港。願留在國內。

台灣是中國領土，陳先生何以「堅決下去」？推測其原因的説法不一，大致可分為以下四種：

一、台灣方面，和陳先生關係極密切的俞大維、俞大綱等均緘口不談。他的學生或以其「失明又多病留在廣東嶺南大學而陷匪區」（許世瑛語）。或説「惜乎陳師雙目失明，行動不便，而嶺南大學文學院殷留不放」（蘇景泉語）。也有説他「在廣州有函，託友調查台灣房屋地價租錢為準備而來台之計，後以廣州已淪陷未果」（梁嘉彬語）。

二、大陸方面，有人認為「年屆花甲的寅恪，此刻已經不會因一姓之興亡，一人之恩怨來選擇自己未盡之

路了，不論身心自由還是不自由」
（王子舟語）。也有人認為「對進行這
場內戰的雙方誰勝誰負，他心中已有
分曉」，「陳寅恪不願離開大陸還有
一個重要原因，那就是對於鄉土和中
國文化的苦戀」（吳定宇語）。還有
人引用陳先生與王力談「去留」問題
時說過的「何必去父母之邦」（陸鍵東
語）。季羨林曾一再強調陳先生「熱愛
祖國」和他的「愛國主義」，而周一
良則說：「陳先生看清了國民黨的腐
敗，所以堅決下去台灣；對中國共產
黨不了解，持觀望態度，所以留在廣
州。」

　　三、旅美的余英時曾研究陳寅恪
先生約四十年，他認為：「陳先生在
一九四九年前後對國民黨已十分失
望，對共產黨則似乎是在無可奈何
之中採取一種觀望的態度。他之所
以終於沒有離開大陸，其原因即在
於此」。他從陳先生歷年詩作中窺知
自一九四〇年起即對國民政府失望，
一九四九年內戰國民黨失利，更有金

1957年陳寅恪夫婦在中山大學校園

圓券帶來社會經濟崩潰。美國發表白皮書放棄國民黨政府，「廣州既不能守，台灣也未必足恃，傅斯年先生雖屢促陳先生去台北，但他本人早已抱「蹈海」的決心，並大書「歸骨於田橫之島」以明志。先生則從來與國民黨無關，他不肯再多一種播遷是完全可以理解的」。並曾舉出陳先生在《柳如是別傳》所言錢謙益對鄭成功的看法，可以說明他後悔當年在思考是否前往台灣的問題上做的決定。

四、也是旅美而研究陳寅恪先生多年的汪榮祖則以為須考慮「時機」因素。陳先生和傅斯年關係很好，「但傅斯年直到一九四九年的元月才為台灣大學校長。此後，他才開始所謂『搶救大陸學人計畫』」。陳寅恪先生赴廣州後，「嶺大的環境很好，氣候溫暖，加之政情日非，他對當時的政局下不僅失去信心，甚至感到憤恨…至此，傅斯年雖一再電催，函催亦雅不願跨海入台矣！」

重探南下廣州的原因

以上幾種說法皆不完整，而汪榮祖的「時機」說則為誤解，故先說明之。

傅斯年雖於民國三十八年元月才就台灣大學校長之職，但早在三十七年十二月十五日，即陳寅恪先生由北平飛南京那天，此消息已見於晚報。傅先生於十二月十八日已有致台大代校長杜聰明電，且二十一日及次年元月初，曾兩度親赴南京機場晤乘政府專機南下的北平教授，邀請來台大任教。這是何以從三十八年起有好些位原清華、北大的教授成為台大教授的原因。再者，陳寅恪先生全家於三十七年十二月十六日，到次年一月十六日都住在上海俞大綱家中。俞大綱是

俞大維的幼弟，他們的嫡親姑母即是陳
先生的母親，陳先生的胞妹新午是俞大
維夫人。俞大綱又曾在中央研究院歷史
語言研究所陳先生之下工作，而傅斯年
夫人俞大綵則是大維之妹、大綱之姊。
以他們這樣親密的關係，如果傅斯年要
請陳先生去台灣，更不需要等正式就任
台大校長以後了。故汪榮祖的「時機」
說並不正確。

　　竊以為，當年陳寅恪先生離開北
平但不往台灣而南下廣州的原因大致有
三：

　　一、陳先生對國民黨政府並無好
感，也不滿抗戰時期國民黨欲控制學界
的做法。這在陳先生的的詩和他友人的
書信、日記裡都寫得清楚，余英時的
《陳寅恪晚年時文釋證》一書也有說
明，茲不贅述。而陳先生對共產黨可能
更具戒心，故隨胡適之同機離平。他在
一九四八年〈寄下孝萱〉時中有「淮
海兵塵白日陰，避居何地陸將沉」
句，　九四九年元月自上海乘船至廣
州後之感賦詩有「避地難希五月花」

俞大維夫婦。夫人陳新午為陳寅恪胞妹

1936年攝於北平香山。陳新午（後左
1），陳寅恪（後右1），陳三立（前
坐），俞大維次子方濟(前右2)，陳寅
恪次女小彭(前右1)

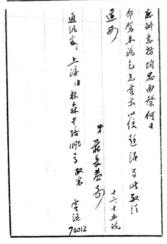

1948年12月15日台大卸任校長莊長恭致新任
校長傅斯年之函

句，而該年陰曆新正的〈己丑元旦作時居廣州康樂九家村〉詩也有「避秦心苦誰同喻，走越裝輕任更貧」之句，在在表示是希望找一「避秦」之地，免受共黨統治。

二、民國三十七年底，除東北和華北外，大部分地區仍在國民政府控制之下。當時一般人認為很可能最後是「劃江而治」，以長江天塹為界，國民黨在南，共產黨在北，廣州遠在南方可為避秦之地。而台灣，因「二二八」事件時，不少外省人遭禍，曾導致甚多人對台灣印象不佳，不願赴台工作。台灣大學則自光復建校以來，問題極多，積弊太深，莊長恭校長自三十七年六月就任半年「一事無成而已心力交瘁」（見十二月十五日致傅斯年函），於十二月七日請病假返滬，可能最初傅校長亦無把握能將台大辦好，故未力邀陳先生來台。

三、當國共內戰之時，經濟混亂，物質缺乏，貨幣貶值，教育經費短缺，教授生活清苦。例如，據《陳寅恪先

生編年事輯》記載：民國三十六年「是歲寒甚。清華各院住宅本裝
有水汀，經費短絀，無力供暖氣，需住戶自理。先生生活窘苦，不
能生爐火。斥去所藏巴利文藏經及東方語文各書，如《蒙古文蒙古
圖志》、《突厥文字典》等等，賣與北京大學東方語文系，用以購
煤。聞僅裝火爐而已。」可見生活之困難。嶺南大學為教會學校，陳
序經校長又向華僑募得美金港幣若干，故經費較國立大學充裕，能付
給陳先生頗優之待遇。而且陳先生及夫人都有心臟病，醫生說宜住南
方暖和之地，因此去了嶺南大學。

不離廣州的原因

陳先生到了嶺南之後，時局急轉直下。蔣總統下野，共軍盡佔江
北之地。清明日陳先生有詩云：「樓台七寶倏成灰，長江天塹安在
哉？」果如他所料，和談破裂，江陰要塞司令棄守，共軍四月二十三
日渡江，五月二十八日進駐上海，八月已逼福建。同時，美國又頒布
「白皮書」宣稱放棄中華民國。余英時認為陳先生的〈青鳥〉詩即指
此事。這首詩的內容是：

> 青鳥傳書海外來，玉牋千版費編裁。
>
> 可憐漢主求仙意，只博胡僧話劫灰。
>
> 無醬台城應有愧，未秋團扇已先哀。
>
> 興亡自古尋常事，如此興亡得幾回。

由詩可知陳先生已以國民政府將亡。再加上以下兩種可能原因，
使他雖已獲得台灣大學之聘書，亦不願再離開廣州。

一、當時台灣內部並不安定，中央研究院數學研究所所長姜立夫

將數學所遷到台灣後，以返回大陸接眷為由離開，七月到廣州就任嶺南大學新設的數學系系主任。相信他和陳先生談過很多有關台灣的事，其中應包括「四六事件」。據石泉（原名劉適，陳先生在燕京大學的研究生）的回憶，陳先生一向同情民主學運，曾和其他十二位北平的教授聯名責一九四七年初北平軍警的一次突擊搜查民宅，逮捕嫌犯的事（見《紀念陳寅恪教授國際討論會文集》頁63）。因而可能使陳先生對台灣的前景不表樂觀。

二、陳先生是位具有深刻觀察力和敏銳聯想力的史學大家。他從史實中知鄭成功當年退守台灣後，明室復興已經絕望。在《柳如是別傳》中曾舉張蒼水的〈上延平郡王書〉為證，而說：「鄭氏之取台灣，乃失當日復明運動諸遺民之心，…不獨蒼水，即徐闇公輩亦如此。牧齋以為延平既以台灣為根據地，則更無恢復中原之希望。」他認為錢謙益因而「心灰意冷」，可能也表示陳先生對撤到台灣的國民政府也

台灣大學已聘陳寅恪為歷史系教授

「心灰意冷」。

因此，即使傅斯年校長一再催駕，甚至已發聘書；妹夫俞大維及教育部長杭立武的面勸，陳寅恪先生終不為所動。可惜他未能預卜第二年因韓戰爆發，美軍協防致使台灣安定而漸壯大。之後也無法離開廣州了。

沒來台灣的遺憾

陳寅恪先生是我國近代之曠世奇才，俞大維說他「對十三經不但大部分能背誦，而且對每字必求正解」，傅斯年先生則稱他在漢學上的素養不下於博通群籍，綜貫六藝的清儒錢大昕。陳先生曾前後在日本、美國和歐洲幾國留學十六年，學習多種語言文字及治學方法，雖未獲任何學位，但在北平清華園及廣州康樂團（嶺南大學）都有已獲學位的教授旁聽他授課。而得「教授的教授」之雅號。他曾發表學術論著約百種，涵蓋三國、魏晉南北朝、隋唐以迄明清各代，並及蒙古學、敦煌學、突厥學、藏學及佛教學等，據其門人汪籛

（上）陳寅恪寓所（二樓）
（下）1957年3月8日陳寅恪在寓所向中山大學學生授課

一九五三年的「報告」：

…對於杜甫、劉禹錫、李商隱、溫庭筠的詩有不少見解，多未寫出。佛教翻譯文學、蒙古史、晚清史亦如此。對陳垣《二十四史朔閏表》有意見，他認為應該重搞一下。這些方面似乎還少有人掌握到，須有人從他學。

可惜自一九五〇年起選他課的學生即很少，更乏學生請他指導畢業論文。一九五八年初，他的關門女弟子，中山大學歷史系畢業生高守真未獲批准留任陳先生的助手。同年夏，大陸上掀起批判「厚古薄今」運動，陳先生從此不再授課。陳門絕學，再無傳人！

陳先生治學最重「獨立精神」、「自由思想」，而論證必據史料。中山大學周連寬教授曾協助他查資料十年，說：「先生治學，最講科學方法，凡要建立自己的論點，必先從時間、地域、人物和有關社會歷史的各個方面，盡量搜集有關資料，以為依據」。並由於陳先生的啟發和指導，

1950年6月6日陳寅恪夫婦與
嶺南大學學生合影

寫成《大唐西域記史地研究叢稿》一書
（1984年北京中華書局出版）。曾在清
華大學受業於陳先生的北大季羨林教
授，最近窮十八年（1981－1998）時
間完成《糖史》兩冊，也是採用陳先生
的方法。他遍查無數中外文資料後，
說：

　　資料勉強夠用了。但是，如何使
用這些來之不易的資料，又是一個
必須解決的問題。…記得在清華讀
書時，我的老師陳寅恪先生，每次
上課，往往先把資料密密麻麻地寫在
黑板上，黑板往往寫得滿滿的，然後
才開始講授，隨時使用黑板上寫的材
料。他寫文章有時候也用這個方法。
經過一番考慮，我決定採用這個辦
法。先把材料盡可能完整地抄下來，
然後再根據材料寫文章。

　　可見陳先生的研究方法是很有用
的。

　　余英時曾以一九三九年英國劍橋大
學聘陳先生為教授，但英倫之行受阻於
歐戰，而說：

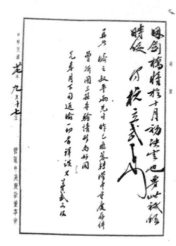

杭立武為陳寅恪赴劍橋大學講學事致
傅斯年函

無論對他本人或世界漢學界而言，都是最值得惋惜的。如果他去了劍橋或牛津大學，他的雙目便絕不致失明，而晚年的學術成績也絕不會只是兩部感慨興亡和自傷身世的《論再生緣》和《柳如是別傳》了。

拙見以為，陳先生雖雙目失明，但若能處於研究、教學良好的環境下，仍可有所發展，且能傳授絕學及鼓勵後進。故民國三十八年陳先生未來台灣，以致晚年受共黨之凌辱迫害，含恨以終，是他個人的不幸。而羈留大陸二十年，能受其學的人捨指可數，則又是中國學術界的不幸。大陸由於政治環境，乏人肯從 陳先生學。而在台灣，民國四、五十年間甚多青年崇好中國文史，其中不少人已是當前國學樑柱。當年若有機會，立雪陳門，不但義寧之學得以發揚光大，相信中華文化亦可在寶島復興，而使台灣成為世界漢學之一重鎮。但陳先生不來，台灣青年學子無緣受教，則不只是少數人或陳先生本人的遺憾了。

【初載《歷史月刊》2000年六月號，頁97-102；2006年六月修訂】

第四章

曲學阿世 師生誼斷

——也談周一良與陳寅恪先生的關係

一篇刪去的序文

一代國學宗師陳寅恪先生一九六九年在「四人幫」虐政下不幸逝世後，坊間出版了多種他的早年著作。讀後乃知寅恪先生向喜嘉許有才華，肯上進的後學。例如他一九四二年曾為陳述撰〈陳述遼史補注序〉（《金明館叢稿二編》）；為朱延豐書〈朱延豐突厥通考序〉（《寒柳堂集》）；一九四三年曾為鄧廣銘寫〈鄧廣銘宋史職官志考證序〉（《金明館叢稿二編》）等。贊揚提攜，溢於言表。臺北市三人行出版社一九七四年印行之《陳寅恪先生論文集》中，有一曾載於一九四四年《中央研究院歷史語言研究所集刊》十二本第一分的〈魏書司馬叡傳江東民族條釋證及推論〉，文前有序云：

盧溝橋事變前寅恪寓北平清華園，周一良君自南京雞鳴寺往復通函，討論南朝疆域內民族問題，其後周君著一論文，題曰：南朝境內之各種人及政府對待之政策，

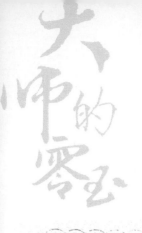

陳寅恪致陳述（字玉書）函

載於中央研究院歷史語言研究所集刊第七本第四分者是也。此文寅恪初未及見，數年之後流轉至香港，始獲讀之，深為傾服。寅恪往歲讀南北史，關於民族問題，偶有所見，輒識於書冊之眉端，前後積至如千條，而道經越南，途中遺失，然舊所記者多為周文所已言，且周文之精審更勝於曩日之鄙見，故舊稿之失殊不足惜。惟憶有數事，大抵無關宏旨，或屬可疑性質，殆為周君所不取，因而未載入其文者，旅中無憀，隨筆錄之，以成此篇，實竊用道家人棄我取之義，非敢謂足以補周文之闕遺也。噫！當與周君往復商討之時，猶能從容閒暇，析疑論學，此日回思，可謂太平盛世，今則巨浸稽天，莫知所屆，周君又遠適北美，書郵阻隔，商榷無從，搦管和墨，不禁涕泗之泫然也。一千九百四十二年九月九日陳寅恪記於桂林良豐雁山別墅。

相信許多讀過的人都會羨慕當年陳周師生二人論學之美好時光，及感受到

魏書司馬叡傳江東民族條釋證及推論

（上）釋證

緒子

魏書玖陸僭晉司馬叡傳云。巳、蜀、蠻、獠、俚、楚、越、烏雜處、呼言語不同、獋、蚖、魚、鱉、嗜欲皆異。江山遼闊、將數千里、叡據廢而已、未能制服其民。

寅恪案、三國志陸圍羽傳裴注引典略云。羽罵曰、貉子敢爾、如使樊城拔、吾不能汝汝邪。

世說新語惑溺篇云。

魏書司馬叡傳江東民族條釋證及推論

盧溝橋事變前、寅恪寓北平清華園、周一良君自南京避囂寺往復通函、討論南朝疆域內民族問題、其後周君著一論文、迨曰：南朝境內之各種人及政府對待之政策。載於中央研究院歷史語言研究所集刊第七本第四分發表矣。此文寅恪初未及見、數年之後流轉來香港、始獲讀之、深為折服。寅恪往歲討論南北朝史、關於民族問題、偶有所見、且周文之精審多勝於鄙之庸論、前後積差不下二十餘、而建論超羣之篇旁、迨中遺失、然鄙意所記各為周文所已見、故籌稿者、嚴中無缺。惟惜初有數事、大抵無關宏旨、或屬可疑性質、殆為周君所不取、因而未入其文境。當周君往復商討之時、獨能從容閒暇、析疑論學、商榷無從、懷疑和墨、不禁涕泗之沄然也。一廿六百四十二年九月九日陳寅恪記於桂林良豐雁山別墅。

（上）釋證

緒子

魏書玖陸僭晉司馬叡傳云：中原冠帶呼江東之人皆為貉子、若狐貉類云：巳、蜀、蠻、獠、獝、俚、楚、越、烏呼

二一九

（左）《金明館叢稿（初編）》

〈魏書司馬叡傳…〉全文（右）2001年版刪去序文

陳先生筆下愛護、思念高弟之真情。

　　近閱北京三聯書店2001年新印《陳寅恪集》之《金明館叢稿初編》中的這篇〈魏書司馬叡傳江東民族條釋證及推論〉，卻不見此一文情並茂之序文。初發現時頗覺不解，爾後讀到一些相關資料，乃知係由周一良曲學阿世，為陳先生所不齒，一九六三年編定《叢稿》時刪之以示往日師生情誼不再。且藉以堅定表達其個人之「獨立精神、自由思想」與士人氣節。

　　《歷史月刊》一八三期有汪榮祖教授大作「長使書生淚滿襟──悼念史家周一良教授」，亦言及蔣秉南教授編陳先生文集時刪去了這篇序的原委。汪教授先引周一良給他的信中所言：

　　…陳先生論司馬叡傳文，涉及弟當年在北極閣下通函請益事。弟初讀時尚在康橋，頗為感動。蔣先生編全集時，此節刪去，鄙意

決非蔣先生隨意為之，當是寅老認為弟解放以後，曲學阿世，頗為遺憾，故略去此節。寅老用心，弟完全理解，而弟對寅老之崇敬及感情，自信絲毫未因此而存任何改變，榮祖兄在廣州會上聆弟發言，當信此言之不誣也。知人論世貴在理解與諒解，不知以為然否？

故知周一良本人也認為是因陳先生怪其「曲學阿世」，而非蔣秉南教授個人所為。然汪教授卻有別解：

…蔣先生告訴我說，除了未依陳先生的意思刪去那幾篇有關李唐先世的文章之外，其餘完全遵照師命不誤。不過，我覺得陳先生要編定的是「具有永久價值的學術文章」（endurable scholarship），一時的感性語言夾雜於永久性的學術文字之間，並不適合。

但寅恪先生這篇序文並非全為「一時的感性語言」，汪教授同情周一良教授當年之處境，為其心目中之「賢者」諱，讀者應可理解與諒解。唯「歷史」

南京中央研究院

陳寅恪、胡適和林語堂的一些瑰寶遺珍

不同於文藝，即使「通俗讀物」亦以「真」為貴。因此不揣簡陋，就篋中所有資料，簡述淺見。請汪教授及讀者諸君參考、指教。

陳寅恪與周一良的師生關係

周一良（1913-2001）出身清末簪纓世家，安徽東至（秋浦）人，為光緒後期曾任兩江總督及兩廣總督周馥的曾孫，北洋政府財政總長周學熙的姪孫。祖父周學海是光緒壬辰科（1892）三甲進士；父周暹，字叔弢，為民初著名企業家也是藏書家。他本人燕京大學歷史系畢業，受教於鄧之誠，洪業兩教授。民國二十四年（1935）在燕大就讀研究院時到清華大學旁聽陳寅恪先生的「魏晉南北朝史」，大為折服。據他自述：《紀念陳寅恪教授國際學術討論會文集》（1989）

一九三五年秋季…同時從城裡來聽講的還有勞貞一（榦）先生和余讓之（遜）先生。他們兩位都從北大史學系畢業不久，當時已在史語所工作。我們都很喜歡聽京戲。第一堂課

周一良學士照

聽下來之後，三人不約而同地歡喜讚嘆，五體投地，認為就如看了一場著名武生楊小樓的拿手好戲，感到異常「過癮」。我從此風雨無阻到清華去聽課，同時搜羅陳先生在各雜誌上發表的論文來閱讀。

第二年夏天，因同學俞大綱的介紹，周一良謁見了陳寅恪先生，並獲推介到剛遷往南京的史語所歷史組，在陳先生指導下從事魏晉南北朝史的研究，從此建立了與陳先生的師生關係。由於當時陳先生常住北平，論學多憑「往復通函」。後周一良獲得哈佛燕京學社獎學金，一九三九年赴美在哈佛大學攻讀日本語言文學，兼修梵文。一九四四年獲博士學位後，一九四六年返國任教燕京大學。次年轉任清華大學外文系教授，並因陳先生之推薦，也在中文系開「佛典翻譯文學」一課。他是陳先生「愛徒」之一，楊聯陞先生譽為「當時青年學人中最有希望傳先生衣缽者」。

中共在大陸建政之初，周一良兄弟等還興致勃勃地為其父周叔弢六十大壽向二十餘位當時之著名學者徵集論文。一九五一年六月出版了《周叔弢先生六十生日紀念論文集》，其中也包括陳寅恪先生的一篇「書唐才子傳康洽傳後」。但他很快就認同新政府和共產黨，如一九五一年為了支持「抗美援朝」寫了一本《中朝人民的友誼關係與文化交流》（開明書店出版），也在《歷史教學》上宣傳「推行愛國主義歷史教育」。陳先生可能已有所風聞，故在將汪籛正式「逐出師門」的那篇「對科學院的答覆」中特別說：「所以周一良也好，王永興也好，從我之說即是我的學生，否則即不是」；在與北大諸友之函也包括了屬學生輩的周一良（詳下文）。可能即是「警告」及「勸

告」，要他懸崖勒馬。

然而，周一良卻努力於自己的「思想改造」，一九五五年率先發表攻擊胡適的「西洋漢學與胡適」。該文刊於《歷史研究》第二卷第二期，充滿歪論和扭曲。陳寅恪先生名列《歷史研究》編輯委員會成員之一，並曾在第一卷一及二期分別發表「記李唐之李武韋楊婚姻集團」、「論韓愈」二文，當然會知此事。那麼，此後他對周一良的看法如何，也就可想而知了。

陳先生堅持「獨立精神」和「自由思想」

陳寅恪先生早於民國十八年（1929）撰「清華大學王觀堂先生紀念碑銘」時，已強調「獨立之精神，自由之思想」，且終生不渝。一九四九年之後自然看不慣為文套用馬列八股者。一九五一年即有諷詩：

八股文章試帖詩 宗朱頌聖有成規
白頭宮女哈哈笑 眉樣如今又入時
《陳寅恪集.詩集》（2001）

1955年周一良「批胡」之文

（上）清華園內王國維先生紀念碑
（下）王先生紀念碑碑銘為陳寅恪所撰

一九五三年十月中共中央之「歷史委員會」決定在科學院成立三個歷史研究所，擬請陳先生擔任第二所（中古史）所長。十一月下旬他的另一「愛徒」汪籛南下廣州，代表科學院邀請他北上。汪籛時為北大歷史系副教授，並已是共產黨員，唯所言觀點不為陳先生所接受。十二月一日陳先生口述，由汪籛筆錄的「對科學院的答覆」一文裡說：

我認為研究學術，最主要的是要具有自由的思想和獨立的精神，所以我說「士之讀書治學，蓋將以脫心志於俗諦之桎梏。」「俗諦」在當時即指三民主義而言。必須脫掉「俗諦之桎梏，」真理才能發揚。受「俗諦之桎梏，」沒有自由思想，沒有獨立精神，即不能發揚真理，即不能研究學術。學說有無錯誤，這是可以商量的…。個人之間的爭吵，不必芥蒂，我、你都應該如此。…但對於獨立精神，自由思想，我認為是最重要的，所以我說：「唯此獨立之精神，自由

之思想，歷千萬祀，與天壤而同久，共三光而永光。」…

　　我絕不反對現在政權，在宣統三年時就在瑞士讀過《資本論》原文。但是我認為不能先存馬列主義的見解，再研究學術。我要請的人，要帶的徒弟都要有自由思想、獨立精神。不是這樣，即不是我的學生。你以前的看法是否和我相同，我不知道，但現在不同了，你已不是我的學生了。所以周一良也好，王永興也好，從我之說即是我的學生，否則即不是。將來我要帶徒弟，也是如此。…

　　　　《陳寅恪集．講義及雜稿》
　　　　　　　　　　　　（2000）

　　因汪籛已無獨立精神、自由思想，故「已不是我的學生了」

　　寅恪先生對汪籛之表現甚為氣憤，當然也可能十分傷心。他曾寫信給北大友人，並請向達同周一良將事情原委轉告南開大學的鄭天挺教授。但後來曉瑩大人又丟信囑向達不必轉告，以免事態擴大。向達給鄭天挺的信原文如下：

汪籛筆錄陳寅恪「對科學院的答覆」

毅生先生左右：上月科學院派汪籛去廣州，邀請寅恪先生北上。不料汪君抵粵後語言不慎，以致寅恪先生大怒，血壓增高。最近致書錫予（湯用彤）、心恆（邵循正）、一良先生及弟，痛斥汪君，大發牢騷。其致弟及一良函末，並囑將情形特告先生，而陳師母另函又謂不必將函轉陳。錫予先生亦同此意，謂如此可以不致廣為宣揚，云云。其實陳先生致湯、邵、周及弟共二函，俱已原件交科學院矣。用陳梗概，尚祈察鑒，幸甚！幸甚！敬頌

道安

弟向達謹上　十二月六日

《陳寅恪與二十世紀中國學術》（2000）

陳先生原函詳細內容不得而知，但似可推想有向諸友表明他對「獨立之精神，自由之思想」之堅持。

陳先生七十五歲時《柳如是別傳》完稿，其「緣起」一章中云：

…夫三戶亡秦之志，九章哀郢之辭，即發自當日之士大夫，猶應珍惜引申，以表揚我民族獨立之精神，自由之思想。

《陳寅恪集．柳如是別傳》（2000）

可見其終生堅持「獨立之精神，自由之思想」。

四人幫垮噩夢醒

周一良逝世之後，其子周啟博寫過一篇「噩夢醒來已暮年」，其中說：

父親是一個企業世家兼文化世家的長子，家教是忠恕之道和謹言慎行。少年青年時潛心文史，所在學科前輩和同儕對他頗為

看好。如果他能按自選方向走下去，學術上當有可觀成就。然而，中年以後，他被社會環境壓倒，奉領袖為神明，把改造思想以達到領袖要求當作高於家庭、學術的終極目標。每當他未泯的人性和常識與領袖的方針衝突。他都認為人性和常識是自己未改造好的表現，"改造思想"成為他永遠追求也永遠達不到的目標，而他從不懷疑領袖是否有什麼不對。…

（《老照片》24期）

1988年的周一良

一九五五年起周一良曾幾次受派出國，可見那時已為中共信任。一九五六年加入共產黨，並曾從北大寫信給在美國的楊聯陞、王伊同和鄧嗣禹，勸說他們回國服務。一九五八年大陸上進行學術大批判，北大歷史系總支組織了一系列的批判會，他的批判題目竟是「陳寅恪的史學思想」！

一九六六年「文革」爆發，他也積極參加。甚至認為「文革」是改造個人的好機會。一九七四年，並成為「梁效」（「清華北大兩校大批判組」之筆

名）寫作班子一員，寫了不少曲學阿世的文章，如「柳宗元封建論」和「諸葛亮法家思想」等。姓名常見報，獲有黨代表、主席團頭銜，一時風頭頗健。一九七六年，毛澤東死，「四人幫」垮。周一良因而遭到管制、接受審查，為時兩年。周啟博說

> …父親一夜之間成了反黨反領袖的壞人。父親幾十年中目睹使朋友同事身敗名裂的事，最後落到自己頭上。物極必反，父親終於因此開始反思…

（《老照片》24期）

周一良自己也於「向陳先生請罪」文中說：

> 粉碎"四人幫"這一戰役使我驚醒過來，感覺到自己過去的荒謬可笑。我自己的魏晉南北朝史研究，在停頓了三十年以後，重新揀起來。在梁效受審查期間，我就開始溫習魏晉南北朝史的史料，陸續寫了一些札記，後來編成《魏晉南北朝史札記》。這本書實際上是以郝蘭皋的《晉宋書故》為藍本而寫的，但是自信沒有違背陳先生獨立之精神、自由之思想的教導。以後又陸續寫過一些文章，我自信這些文章也沒有曲學阿世，我相信我這個迷途知返的弟子，將來一旦見陳先生於地下，陳先生一定不會再以破門之罰來待我，而是像從前一樣，進行和諧溫馨的談話，就如同在清華新西院、紐約布魯克林26號碼頭輪船上、清華新南院和嶺南大學東南區1號樓上那樣的和諧和溫馨。

《陳寅恪與二十世紀中國學術》（2000）

噩夢雖醒，但已太遲，陳先生早已含恨而逝。至於「見陳先生於地下」是否能「進行和諧溫馨的談話」？則無人可知了。

周一良的自白

為紀念陳寅恪先生的一百一十週年
誕辰及南下任教嶺南大學五十週年，廣
州中山大學於一九九九年十一月二十七
至二十九日舉辦「紀念陳寅恪教授國際
學術研討會」。胡守為教授在會中替
周一良教授宣讀了一篇「向陳先生請
罪」，他說：

2001年的周一良

　　…一九五八年，在舉國"大躍
進"的形勢之下，學術界進行學術大
批判，北大歷史系總支組織了一系列
的批判會，批判史學界的種種思潮。
…分配給我的批判題目就是陳寅恪
的史學思想。我一九五六年入黨…，
一九五八年正是鍛煉黨性的時候。…
我接受了任務，絲毫沒有考慮，也沒
有任何顧慮，完全沒有考慮到自己馬
克思主義水平究竟如何，能不能批判
得了，批判陳寅恪先生對陳寅恪先生
將發生什麼樣的影響，陳先生如果知
道我批判他，又有什麼想法，以及將
來如何面對陳先生等等。…當時的
《光明日報・史學副刊》選載了歷史

系同學批判陳寅恪先生的文章，但是沒有登我的文章⋯所以當時校外的人不知道我也參加了批判陳寅恪，而寅恪先生自己當然更不知道。不然的話，我早已成了金應熙第二，被陳先生處以破門之罰，拒之大門之外了。⋯而我自己呢？違背了獨立之精神、自由之思想的這種標準，或多或少這裡或那裡做了些曲學阿世的工作。比如說，我常常應報紙的請求，寫一些中國與某國人民友好的文章，這些文章裡面，只提友好，不提不友好的方面。但是我認為這只是常識，不是學術研究，也不能算完全違背事實，所以它不能算是曲學。至於寫柳宗元封建論和諸葛亮法家思想等等，這些文章那就完全是曲其所學，阿諛世道了。而我當時還很自豪，以為用自己所學的古典文獻為當前的無產階級政治服了務。完全違背了陳先生要在獨立之精神、自由之思想指導之下來做研究的教導，是完全應該接受破門之罰的。

《陳寅恪與二十世紀中國學術》（2000）

其中提到的金應熙為陳先生執教香港大學時的學生，當時是中山大學歷史系的副教授。一九五八年的「運動」時曾公開發表過一篇「批判陳寅恪先生的唯心主義和形而上學的史學方法」，據陸鍵東著《陳寅恪的最後二十年》所述，陳先生知道後「勃然大怒說：永遠不讓金應熙進家門。」

周一良公開批判陳寅恪先生一事，應如他所推測「寅恪先生自己當然更不知道」。雖同在北大歷史系的向達先生一九六四年初曾到廣州與陳先生晤面長談多次，相信宅心仁厚的向先生不會說出這類將令陳先生傷心氣憤之事。因此，同年秋季周一良拜訪寅恪先生時，兩

人的談話仍能「和諧溫馨」（見上文）。然而，「這個迷途知返的弟子」恐亦未為陳先生所再接納，因他這十幾年來的作為，已悖離陳先生為學之道。陳先生認為「不能先存馬列主義的見解，再研究學術」，「要帶的徒弟都要有自由思想、獨立精神。不是這樣，即不是我的學生」。一九五三年他不再認汪籛是學生，之後也不會再認周一良是學生。

其實周一良心裡明白。他在一九八九年所寫「我的《我的前半生》」文中說：

蔣天樞先生編陳先生全集，所收江東民族條釋證文中，刪去了此節。…我看到全集後，不假思索，立即理解陳先生的用意。陳先生為文遣詞用字都極考究，晚年詩文寄慨之深，尤為嚴謹。對於舊作的增刪改訂，必有所為，刪去此節，正是目我為「曲學阿世」，未免遺憾，因而不願存此痕迹。

（《周一良學術文化隨筆》217頁）

不枉他曾一度是陳先生的「愛徒」，確能了解老師的心意。但他又說：

…我認為不只是對我個人的表態，而是更有深意存焉，是陳先生做為「文化遺民」的必然行動。

（《周一良學術文化隨筆》218頁）

視陳先生為「文化遺民」，則是自我解嘲，未見悔意！

餘 話

陳寅恪先生一九六三年有「贈蔣秉南序」，見《寒柳堂集》。雖

丁則良《李提摩太》
（抗美援朝知識叢刊）封面

文末云：「蔣子秉南遠來問疾，聊師古人朋友贈言之意，草此奉貽，庶可共相策勉云爾。」但實如寅恪先生預立之遺言。其中「默念平生固未嘗侮食自矜、曲學阿世，似可告慰友朋」一句，淺見以為最能表現陳先生之為人與為學之堅持。故他不屑曲學阿世之輩，是很自然的。

周一良自認為曾寫過一些中國與某國人民友好的文章，只提友好，不提不友好的方面，不算完全違背事實，所以不能算是曲學。但依拙見，為政治服務而故意隱瞞或忽視事實，當然是曲學阿世，非有學術良心者之所應為。尤其是他發表的「西洋漢學與胡適」帶頭攻擊胡適與傅斯年，能說不是「曲學阿世」嗎？他又以寅恪先生為「新社會中的文化遺民」掩飾己過。故筆者以「小人之心」懷疑他在「四人幫」倒臺後的「悔悟」，是再次「阿諛世道」還是真正的「覺醒」？

如周一良和汪籛一般，一九四九年以後認同馬列思想、中共政權之青壯

年歷史學者而也是陳門弟子的，還有丁則良等。丁則良是清華歷史系的高材生，與汪籛都是已故東吳大學歷史系翁同文教授早年清華時期之好友。憶多年前翁教授曾告訴筆者：丁則良極富才華，考取庚款留英，後回國工作，五十年代就受迫害而死。近來從一些大陸資料得知丁則良曾大力支持「抗美援朝」，痛斥「美帝侵華」，但一九五七年「反右運動」開始不久，就因被打成右派而投入未名湖中、「抓緊水草把頭埋進泥裡」自殺身亡。汪籛也於一九五九年被歸類於「右傾機會主義份子」，遭受嚴厲之批判。一九六六年六月大暴亂開始，他與翦伯贊同在「打倒、掃蕩」之列，而服安眠藥身亡。丁、汪二位效其師寅恪先生平生最敬重的王靜安先生，也一前一後自行結束了生命。是覺「義無再辱」？還是失望？懊悔？抗議？或是…？

周一良選擇了和丁、汪二位不同之路，「反右」、「文革」及「管制」幾次大風浪，都能化險為夷，而且還獲相當於「院士」之待遇，安享天年。人各有志，固未可勉強；曲學阿世，或為不得已。但違背學術良心，即非真正學者行為。《紅樓夢》小說末回述說寶玉出家，襲人未死而嫁蔣玉函故事後，有一評語，錄之以結本文：

看官聽說：雖然事有前定，無可奈何，但孤臣孽子，義夫節婦，這不得已三字也不是一概推委得的。此襲人所以在「又副冊」也。正是前人過那桃花廟的詩上說道：「千古艱難惟一死、傷心豈獨息夫人。」

【初載《歷史月刊》185期，2003年，頁92-98。2006年七月修訂】

第五章

胡適紅學遺珍

—— 紀念胡先生一百十歲（1891-2001）冥誕

今年十二月十七日是故蔣中正總統譽為「新文化中舊道德的楷模　舊倫理中新思想的師表」的胡適之先生一百十歲（1891-2001）冥誕。胡先生畢生以「自由思想、科學精神、努力四十年、石爛海枯圖救國」（績溪同鄉會輓詞），而最足稱道的是如故陳大齊先生在輓聯中所説：「治學不尚權威、有徵則信。立言豈計毀譽、從心所安」。他的治學原則是「有一分證據説一分話」，範疇涵蓋文、史、哲各領域，且是研究中國古典章回小説的創始者。

胡先生研究過的小説包括《水滸傳》，《紅樓夢》，《紅樓夢》、《西遊記》，《三國演義》，《三俠五義》，《官場現形記》，《兒女英雄傳》，《海上花列傳》，《醒世姻緣傳》，《老殘遊記》和《鏡花緣》等。其中最具影響力應屬《紅樓夢》，而他也是使「紅樓夢研究」成為「紅學」，且至今不衰最關鍵的人。過去由「政治因

65

通之先生千古

新文化中舊道德的楷模

舊倫理中新思想的師表

蔣中正敬輓

蔣中正總統之輓聯

蔣中正總統瞻視胡適遺容

素」和「教條思想」受到的誣衊，近年來已漸歸於塵土。學術上與胡先生觀點有異之人，多也不能否認他首採科學方法，對「紅學」篳路藍縷的開創性功績。雖常有人指出胡先生的紅學研究某處結論有錯誤、某處討論不周延或某處漏列證據等。筆者認為亦是瑕不掩瑜，就像十項全能運動員，單項之表現或許不如專精該項者一般。何況「紅樓夢研究」只是他眾多學術研究中的一小塊園地而已。

再者，他在《胡適文選》的序文裡自述其寫「考證」文章之目的為：

我要教人一個思想學問的方法。我要教人疑而後信，考而後信，有充分證據而後信。⋯⋯我要讀者學得一點科學精神，一點科學態度，一點科學方法。⋯⋯

其後並說：

少年的朋友們，用這個方法來做學問，可以無大差失。用這種態度來做人處世，可以不至於被人蒙著眼睛牽著鼻子走。

故知胡先生原無意成為「某某學大師」。開創風氣，導引後學，才是他的志業。那些隨便臧否他成就的人，實如夏蟲語冰。

事實上，除研究方法外，胡先生在《紅樓夢》作者、版本等多方面的研究上都有很大貢獻。但有兩個觀點，雖皆載於其日記資料中，惜乏人言及。謹介紹此二「遺珍」，以紀念胡先生一百一十歲冥誕。

一是胡先生對《紅樓夢》本身的看法。他雖寫了很多「考證」的文章，唯極少提到內容及文學價值，似乎只是為了白話文運動而推廣《紅樓夢》。他早年也只稱讚「《紅樓夢》是一部自然主義的傑作」。到了晚年卻說「其實這一句話已是過分贊美《紅樓夢》了」，甚至「我向來感覺《紅樓夢》比不上《儒林外史》；在文學技術上《紅樓夢》比不上《海上花列傳》，也比不上《老殘遊記》」（見民國四十九年《作品》二卷二期）。但胡先生曾稱讚《紅樓夢》作者曹雪芹遣詞用字的費心思。他在逝世

胡適晚年著述時留影

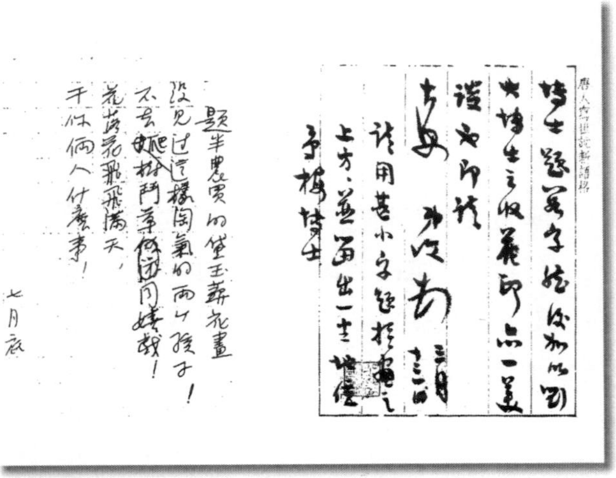

胡適1934年七月日記

前最後一個雙十節夜晚寫給蘇雪林先生的信中，以「甲戌本」所特用「嫽」、「㣦」、「㥧」三個俗字為例，說：「我們可以懂得古人用活語言作文學真不是一件容易的工作，曹雪芹這三個字（指「嫽」、「㣦」、「㥧」三字），真費了一番苦心。」表示他欣賞《紅樓夢》的是其「活語言」——白話文。

對於《紅樓夢》的故事內容，胡先生似未對之有何公開的評價，但從他的一首詩可以窺得端倪。民國二十三年三月劉半農先生在廠甸得一幅「黛玉葬花」圖，乃請胡先生題一首詩，擬於京劇名伶梅蘭芳公演「黛玉葬花」時相贈。但直到那年七月十四日劉先生急病去世前，胡先生尚未寫出。七月底，他寫了一首「題半農買的黛玉葬花畫」：

沒見過這樣淘氣的兩個孩子

不去爬樹鬥草同嬉戲

陳寅恪、胡適和林語堂的一些瑰寶遺珍

花落花飛飛滿天

干你倆人什麼事

由他給予「黛玉葬花」這樣的評價，可見胡先生是不認同《紅樓夢》中那些充滿哀怨傷感、兒女情長故事的。（註1）

另一是有關《紅樓夢》「程高本」的排印問題。最早發現乾隆年間萃文書屋有兩種排印本的就是胡先生，他稱之為「程甲本」（註2）和「程乙本」，紅學界也沿用了幾十年。民國五十年臺北韓鏡塘先生將所收藏之「程乙本」影印問世（稱為「青石山莊影印本」），有位金作明先生仔細比較這個本子和啟明書局影印的舊亞東書局「程乙本」，發現兩者有一些不同處。因為此一「青石山莊本」是經胡先生鑑定為「程乙本」的，所以金先生就在民國五十一年二月十二日寫信向胡先生請教。胡先生則於二十日寫了他逝世（二十四日）前的最後一封信回答金先生（見民國五十一年《作品》三卷四期）。他在信末說：

看此幾項文字上的異文，可知「程乙本」在乾隆壬子「詳加校閱」之後，還經過一些小小的文字修改。

你看如何？

大概由於紅學研究者後來發現這個「青石山莊本」實是「程甲本」和「程乙本」的混合本，與已知「程乙本」間的差異，因而可以解釋。胡先生所提出「程乙本」在乾隆壬子後「還經過一些小小的文字修改」這一觀點，就未受到重視。然而，胡先生的看法完全正確，一九八六年上海師範大學的顧鳴塘先生果在上海圖書館找到了　部經過一些文字修改之「程乙本」。他稱之為「程丙本」。千禧年暑假筆者赴滬探親，前往上海圖書館查閱了這部《紅樓夢》，而知確如胡先

《紅樓夢》「程甲本」（右）缺字
與「庚辰本」（左）不缺字

生四十年前所推測，「程乙本」在乾隆壬子後還繼續修改了一些文字的錯誤。

例如，《紅樓夢》五十四回敘述賈母派兩個媳婦送食物給守大觀園的鴛鴦與襲人，寶玉也由秋紋和麝月陪同回園來看襲人，正好遇見這兩個媳婦。有段對話，已知的「程甲本」和其他「程乙本」均作：

「麝月等問：手裏拿的是什麼？媳婦道：外頭唱的是八義，又沒唱混元盒，那裏又跑出金花娘娘來了。寶玉命：揭起來我瞧瞧。秋紋魔秋忙上去將兩個盒子揭開。」顯然其中有漏文，而「魔秋」也是「麝月」之誤。「上海圖書館本」則無漏誤，其文為：

「麝月等問：手裏拿著什麼？媳婦道：是送給金花二姑娘吃的。麝月又笑道：外頭唱的是八義，沒唱混元盒，那裏又跑出金花娘娘來了。寶玉命：揭起來我瞧瞧。秋紋麝月忙上去將兩個盒子揭開。」

後出的「東觀閣本」，「王希廉本」、「金玉緣本」等坊間流傳本此處都與這個本子相同。（民國十六年上海亞東書局重印新式標點的「程乙本」《紅樓夢》則是依「王希廉本」改正的。）故知胡先生當年推測的，一點也不錯。

胡適之先生辭世將屆四十年，他留下來的「紅學研究」仍然蓬勃興旺，拙文所記他這兩項無人道及的「遺珍」，應可讓胡先生之紅學貢獻再添幾許光彩罷。

【初載《中央日報》「副刊」，民國90年十二月十七日。95年七月修訂】

註1：民國初期不認同這類言情故事的文學大師級人士，並非少數。除胡先生外，冰心女士亦然。

註2：據曹立波女士的研究，胡先生當初認為的「程甲本」實係「東觀閣本」。參閱：曹立波，《東觀閣本研究》，北京圖書館出版社，2004年。

第六章

為胡適辯誣

——《甲戌本石頭記》

一、《甲戌本石頭記》

　　民國五十一年（1962）二月二十四日傍晚，胡適之先生在中央研究院院士會議後的酒會中因心臟病遽然謝世，享年七十二歲（1891-1962），留給他的親友與國人無限哀思。轉眼間，四十年過去了。

　　胡先生是近代中國最具影響力的學者。他提倡白話文，給二十世紀和以後的中國文學注入了新生命；他也寫過很多關於文、史、哲學的考證及議論文章，開創中國學者治學的一種新風氣。他是研究中國古典章回小說的創始者，更於八十年前首採科學研究方法，探討作者、版本等問題，批判當時流行之「索隱派」，是使「《紅樓夢》研究」成為學術性的「紅學」、且至今猶盛的關鍵人。

　　民國十六年（1927）胡先生購得一部劉銓福原藏，但僅存十六回的抄本《脂硯齋重評石頭記》。他認為此本是「海內最古的《石

胡適出殯時之路祭

頭記》抄本」，因其第一回有「至脂硯齋甲戌抄閱再評仍用《石頭記》」而名之為「甲戌本」，並相信是乾隆十九年（甲戌，公元1754年）的版本。翌年初他就寫了一篇「考證紅樓夢的新材料」，報告考證之結果及闡釋此抄本的價值與「脂硯齋評本」的重要性。民國五十年（1961）將此抄本交中央印製廠影印一千五百部，定價新臺幣120圓發售，以廣流傳。以後據此影印本重印者，更不計其數。

依據胡先生的自述，他原先認為凡有評註都是晚出的，故對上海有正書局印行的《國初鈔本原本紅樓夢》（即通稱的「有正本」或「戚（序）本」）不感興趣，然看到這部《脂硯齋重評石頭記》後才發現其價值。爾後，多種「脂評本」陸續出現，「脂評研究」成為「紅學」中重要的一支。為了紀念「甲戌本」，國立中央大學曾在民國八十三年（甲戌，公元1994年）舉辦「甲戌年世界紅學會議」，海內外包括大陸學者約百人雲集中壢與會，盛況空前。

　　「甲戌本」是《紅樓夢》（《石頭記》）的一個重要抄本，也是有許多問題尚待解決的抄本。但就像對胡先生其他的學術觀點一樣，紅學界雖有不少對「甲戌本」持不同見解的人，卻少人能否定他對「甲戌本」研究的貢獻，或「甲戌本」在「紅學研究」上的價值。胡先生的某些見解實有錯誤、某些結論亦不周延，唯淺見以為是瑕不掩瑜。各門「學問」皆會賡續增長、不斷進步，但胡先生「但開風氣不為師」之志業，永遠受人景仰。

二、影印本補遺

　　胡先生將所珍藏之「甲戌本」付交影印時刪去了五條他自己和友人的跋文。現按馮其庸先生據原本抄錄者，依其時間先後補列於下：

　　（一）此余所見《石頭記》之第一本也，脂硯齋以與作者同時，故每撫今追昔若不勝情，然此書價值亦有可商榷者：非脂評原本乃由後人過錄，有三證焉。自第六回以後，往往於抄

陳慶浩《新編石頭記脂硯齋評語輯校》（聯經出版公司）封面

北京圖書館重印「甲戌本」影印本封面

歐陽健《還原脂硯齋》（黑龍江教育出版社）封面

中央大學舉辦
「甲戌年（1994）紅學會議」一景

寫時將墨筆先留一段空白，預備填入朱批，證一；誤字甚夥，觸處可見，證二；有文字雖不誤而抄錯了位置的，如第二八回（頁三）寶玉滴下淚來無夾評，卻於黛玉滴下淚來有夾評，是否出於一人之手，抑有後人附益，亦屬難定。其中有許多極關緊要之評，卻也有全沒相干的，翻覽可見。例如"可卿淫喪天香樓"得此書益成定論矣，然十三回（頁三）於寶玉聞秦氏之死，有夾評曰"寶玉早已看定可繼家務事者可卿也，今聞死了大失所望，急火攻心，焉得不有此血，為玉一嘆"，此不但違反上述之觀點，且與全書之說寶玉亦屬乖謬，豈亦脂齋手筆手？是不可解者。以適之先生命為跋語，爰志所見之一二於右方，析疑辯惑，以俟君子。

　　二十年六月十九日俞平伯閱後記

（二）卅七年六月自 適之先生借得與祜昌兄同看兩月並為錄副

　　　　周汝昌謹識　卅七.十.廿四

（三）現存的八十回本《石頭記》，共有三本，一為有正書局石印

的戚蓼生本，一為徐星署藏八十回鈔本（我有長跋），一為我收藏的劉銓福家舊藏殘本十六回（我也有長跋）。三本之中，我這個殘本為最早寫本，故最近於雪芹原稿，最可寶貴。今年周汝昌君（燕京大學學生）和他的哥哥借我此本去鈔了一個副本。我盼望這個殘本將來能有影印流傳的機會。

胡適1948.12.1

（四）我得此本在一九二七年，次年二月我寫長跋，詳考此本的重要性。一九三三年一月我寫長跋，考定徐星署藏的八十回本（缺六四、六七回，又廿二回不全）脂硯齋四閱評本，一九四八年七月，我偶然發見（在清進士題名錄）德清戚蓼生是乾隆三十四年（一七六九）三甲廿三名進士，這就提高戚本的價值了。

胡適1949.5.8夜（在紐約）

（五）王際真先生指出，俞平伯在《紅樓夢辨》裡已引餘姚戚氏家譜說蓼生是乾隆三十四年進士，與題名錄相合。

胡適1950.1.23

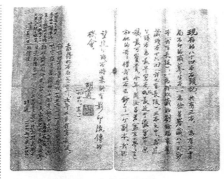

「甲戌本」中胡適之跋文

「甲戌本」中周汝昌之跋文

這五條跋文，特別是前三條，都是「紅學史」上重要的記錄，不可忽略。

三、珍本幸未蒙塵

至於民國三十七年（1948）十二月胡先生離開北平時，為何在個人逾萬冊藏書中只帶出「甲戌本」呢？據他在四十八年（1959）十二月二十七日的中國圖書館學會年會上演講「找書的快樂」時說：

十一年前我離開北平時，已經有一百箱的書，大約有一、二萬冊。離開北平以前的幾小時，我曾經暗想著：我不是藏書家，但卻是用書家。收集了這麼多的書，捨棄了太可惜，帶吧，因為坐飛機又帶不了。結果只帶了一些筆記，並且在那一、二萬冊書中，挑選了一部書，作為對一、二萬冊書的紀念，這一部書就是殘本的《紅

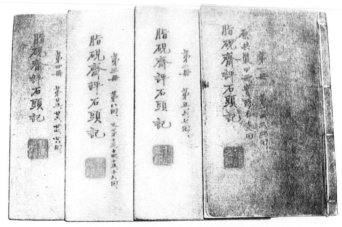

「甲戌本」原本各冊封面之胡適硃筆題字

樓夢》。四本只有十六回，這四本《紅樓夢》可以說是世界上最老
的抄本。收集了幾十年的書，到末了只帶了四本…」。

　　但依淺見，胡先生之所以帶出了「甲戌本」可能是「正好」在
那之前不久，周汝昌把這部書歸還給他（胡先生十二月一日有跋文，見
前），正在案上，又只有四冊，就「順手」納入行囊。故這部書幸未
蒙塵。

　　四十六年後，周汝昌回憶他從胡先生那裡借到及歸還「甲戌本」
時說：

　　（前略）

　　原書存在我手，胡先生從未催問，連一字也未曾提過它。他這
種對一個素昧平生的學生的慷慨與信任，使我深為感念，至今難
忘！

　　在胡先生離開北平（當時的名稱）的前一刻，我專程將「甲戌
本」原函四冊送還，那時胡先生住東城東廠胡同一號，叩開門，出
來的是他的長公子。我將書妥交，未入門即告辭了——那時我什麼都
未曾想及，事後很多年，我方得知，那時胡先生正在行色匆匆，而
走時只隨帶了兩種書冊，其一便是這部《甲戌本石頭記》。

　　周汝昌在借到《甲戌本石頭記》後，暑假回到天津家裡，和他的
哥哥周祜昌以朱墨兩色合抄了一部。據他轉述胡先生曾說：

　　本來的設計是鈔竣之後，一俟運用完畢，就也交與胡先生歸他
與原本同存的；但他說：你們錄副，做得對，就留下自己用吧！就
是原本，日後我也是要捐與公家的。

　　這個「甲戌本」在胡先生逝世後由其長公子帶去美國，寄存哥倫

比亞大學善本書庫。2005年七月筆者在北京曾聽傳聞：「甲戌本」已由上海博物館向胡先生的長媳購回庋藏。

四、「胡適說了假話」？

胡先生民國十七年發表「考證紅樓夢的新材料」時說明得到此書之經過：

> 去年我從海外歸來，接著一封信，說有一部鈔本《脂硯齋重評石頭記》願讓給我。我以為「重評」的《石頭記》大概是沒有價值的，所以當時竟沒有回信。不久，新月書店的廣告出來了，藏書的人把此書送到店裡來，轉交給我看，我看了一遍，深信此本是海內最古的《石頭記》抄本，就出了重價把此書買了。

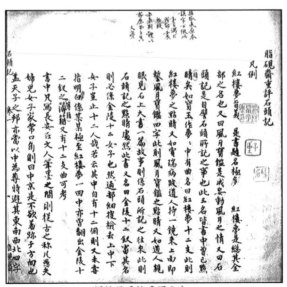

周祜昌手抄「甲戌本」

　　三十三年後他將《甲戌本石頭記》交中央印製廠影印發售，並寫了一篇「跋乾隆甲戌脂硯齋重評石頭記影印本」長文，他又說：

　　我在民國十六年夏天得到這部世間最古的《紅樓夢》寫本的時候，我就注意到首葉前三行的下面撕去了一塊紙：這是有意隱沒這部抄本從誰家出來的蹤跡，所以毀去了最後收藏人的印章。我當時太疏忽，沒有記下賣書人的姓名住址，沒有和他通信，所以我完全不知道這部書在那最近幾十年裡的歷史。

　　他並解釋三十幾年前那文中「新月書店的廣告出來了」的意義：

　　這句話是說：當時報紙上登出了胡適之、徐志摩、邵洵美一班文藝朋友開辦新月書店的新聞及廣告。那位原藏書的朋友（可惜我把他的姓名地址都丟了）就親自把這部脂硯甲戌本送到新開張的新月書店去，託書店轉交給我。那位藏書家曾讀過我的《紅樓夢考證》，他打定了主意要把這部可寶貝的寫本賣給我，所以他親自尋到新月書店去留下這書給我看。如果報紙上沒有登出胡適之的朋友們開書店的消息，如果他沒有先送書給我看，我可能就不回他的信，或者回信說我對一切「重評」的《石頭記》不感興趣，……於是這部世界最古的《紅樓夢》寫本就永遠不會到我手裡，很可能就永遠被埋了！

　　又過了三十四年後，《歷史檔案》1995年第2期刊出售書人胡星垣寫給胡先生的信：

　　茲啟者：敝處有舊藏原抄脂硯齋批紅樓，惟祗存十六回，計四大本。因聞先生最喜紅樓夢，為此函詢，如合尊意，祈示知，當將原書送閱。手此 即請

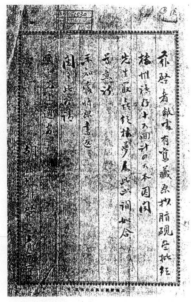

胡星垣欲售「甲戌本」給胡適的信

適之先生道安

　　胡星垣拜啟　　五月二十二日

　　據註釋，這封信就保存在胡先生收信的檔案夾裡，寫於三十二開的八行信紙上，信封正面寫有「本埠靜安寺路投滄州飯店，胡適之先生台啟，馬霍福德里三百九十號胡緘」，郵戳為「十六年五月二十三日，上海」

　　因此，大陸上就有人認為：

　　「胡適在這裡說了假話。」

　　「胡適有意隱瞞了賣書人的身份和姓名地址，從而掐斷了別人追查這個版本來歷的線索，其中的疑點是很多的。」

　　事實究竟如何呢？胡先生民國十六年為何沒有向售書人追究《甲戌本》的來源，現似已幾乎無法得知真象。可能是真的由於「太疏忽」，也可能是其他事務太忙，但竊以為應非「有意隱瞞」。而他晚年所說「沒有記下賣書人的姓名住址」，也應是因為舊日檔案資料都不在手邊，記憶上有所差誤，不記得胡星垣曾寫信之事而非「說了假

　陳寅恪、胡適和林語堂的一些瑰寶遺珍

話」。因這種行為與胡先生一向的治學態度是不符的。

五、為胡先生辯誣

胡先生的治學方法是「細心搜求事實、大膽提出假設、再細心求實證」，講求「有一分證據說一分話」。他在學問上不文飾己過，例如讀到何心（陸澹安之筆名）的《水滸研究》就說：

此書是一部很好的考證，可以說是結《水滸》研究的總帳的書。此書有批評我的一些地方，大致都很對。（1956年二月19日日記）

也從不諱言1921年所寫「紅樓夢考證」時，很多資料乃俞平伯和顧頡剛代為查出。因此，胡先生似不可能對「甲戌本」的來源「有意隱瞞」或「說了假話」。胡先生1928年「考證紅樓夢的新材料」文中雖未言賣書人是誰，也沒說「忘記」賣書人是誰。胡先生說「忘記」，乃是三十三年以後，1960年的事，

筆者發現，胡先生還不滿六十歲時

胡適1951年4月15日的日記

就已感覺記憶力漸差。他在1951年五月15日的日記寫道：

偶想「行一不義，殺一不辜，而得天下，皆不為也」出于《孟子》何篇？因遍檢之，第二遍才檢得，在《孟子》三，「公孫丑」上。……年老了，記憶力差多了。

到晚年更有很多事都記不得了，《胡適的日記》第十八冊中還有以下兩項記載可為佐證：

（一）、四九・二・十八（Th）

……

孫元良先生從日本來信，信上提到「1939年秋，我由英國經美國回國，十月一日曾在華盛頓會見你，並叨擾了一頓午飯，你當時寫給我一首生日小詩：

賣藥遊方廿二年，人間浪說小神仙，如今迴向人間去，洗淨蓬萊始上天。」

這件事和小詩，我全不記得了。

（二）、一九六一年九月三日星期日

……

王雪艇約陳通伯晚飯，我

胡適1961年9月3日的日記

去作陪。有子水、雷嘯岑、卜少夫諸人。

　　飯後閒談，雪艇談起1937年七月的盧山會議，他說我到山上那天（七月十五？），就和蔣介石先生談了一點鐘，我說的大旨是：華北的人民怨中央政府決心不要華北了，不然，何以大家眼看見整個華北就要丟了，竟沒有中央軍隊北來援救！中央是否真心心不要華北的土地人民了？

　　雪艇說：我那天說的話頗有決定性的影響，那天下午，蔣先生見馮玉祥，馮也責備中央放棄華北。那天晚上，蔣先生在中獨自走路，走來走去，到九點鐘，忽下命令，令孫連仲、龐炳勳的軍隊開進河北。戰局就此決定了。

　　雪艇說，我從北方南下，住在教育部裡，人請我寫字，我寫的是「遺民淚盡胡塵裡，南望王師又一年」兩句。

　　這些事，我都不記得了。

　　連民國二十六年七七事變之後上盧山這樣的大事，他都已記不清，何況再早十年購買《甲戌本石頭記》的事？

　　再者，胡先生1961年二月十五日曾寫過一篇「跋《紅樓夢書錄》」，有關「甲戌本」部分他竟誤記：

汝昌兄弟有影印的全部，而此錄僅說汝昌有「錄副本」，似編者未見他們的影寫本…

　　實際上1948年周汝昌兄弟確乃「錄副」，胡先生和周汝昌都曾在「甲戌本」上寫有跋文（見上文），但十三年後胡先生也記憶不清了。故可證明他是真忘記1927年的事，決非「說了假話」。

　　據上述「新材料」篇中說：

中央印製廠影印「甲戌本」之首頁

首頁首行有撕去的一角，當是最早藏書人的圖章。今存圖章三方，一為「劉銓福字子重印」，一為「子重」，一為「髣眉」…

第十三回首頁缺去小半角，襯紙與元書接縫處印有「劉銓福字子重印」圖章，可見裝襯是在劉氏收得此書之時…

過去，子孫變賣先人遺物時，恐遭人指責不肖，有時可能撕去藏書章，而買舊書的人則須憑學養經驗判斷真偽，並非聽信經手人之言。即使向經手人詢問，一般恐也問不出所以然來。可能由於胡先生當時的經驗不夠，其後亦未追究來歷，而非「說謊」吧。

六、胡先生不藏私

胡先生購得《甲戌本石頭記》後並未不肯示人。除了借給周汝昌先生是眾所周知之事外，他在「影印乾隆甲戌脂硯齋石頭記的緣起」中說：

（1951年）哥倫比亞大學為此本做了三套顯微影片：一套存在哥大圖書

館，一套我送給翻譯紅樓夢的王際真先生，一套我自己留著，後來送給研究紅樓夢的林語堂先生了。

故知曾「做了三套顯微影片」贈人。

實際上，「甲戌本」曾長期放在俞平伯先生處。前文已述其上有俞先生1931年六月十九日的註記：「適之先生命為跋語，爰志所見之一二於右方，析疑辯惑，以俟君子」，大約是歸還前所寫。何時借得，並不見記載。但浦江清先生之《清華園日記》（三聯書店（北京），1999年）1931年一月三日：

向平伯借得胡適之藏脂硯齋本《紅樓夢》而歸。

同年一月九日又記：

夜讀此脂硯齋評本《紅樓夢》，與戚蓼生評本比勘，其中問題甚多，苦思不得解決。

一月十日：

讀脂本《紅樓夢》。

一月十二日：

讀脂硯齋重評本《石頭記》。覺胡適之的考證確實不容易推翻。…

一月十三日：

還脂本《石頭記》，平伯不在。

可推知「甲戌本」放在俞平伯先生處至少半年以上，也曾轉借給他人閱讀。

另胡先生1948年把「甲戌本」借給周汝昌後，於十月二十四夜寫與周汝昌的信裡說：

脂本的原本與過錄本，都可請子書先生（按即孫楷第）看看。

而胡先生1949年離滬赴美後，也曾將「甲戌本」借給王際真先生（見上文），1950年元月22日取回。當天日記説：

下午去看王際真夫婦，取回我的「脂硯齋批本石頭記。」

1960年11月19日的信中也表示歡迎高陽到南港來看「甲戌本」。惜這些記載和浦江清先生的《清華園日記》少人注意，《俞平伯年譜》（天津人民出版社，2001年）中亦未述他向胡先生借「甲戌本」及轉借給浦江清之事，因此引致一些人誤以為胡先生「藏私」，不肯示人。

實際上，胡先生1948年時已在「甲戌本」中自書（見上文）：

我盼望這個殘本將來能有影印流傳的機會。

更可證他未「藏私」。

公祭胡適時之人潮

七、結 語

　　有些人不甚了解胡先生的為學精神、治學態度；也有可能受了早年「清算胡適運動」、「批判胡適思想」的影響，對胡先生的為人有所誤會而認為其「有意隱瞞」、「說了假話」、「藏私」。筆者不揣簡陋，試草拙文為之辯誣，並略述「甲戌本」以紀念胡先生逝世四十年，至祈高明指正。

【初載《歷史月刊》2002年三月號頁72-77；轉載：《紅樓夢學刊》，2002年第3輯，頁70-79。2006年七七抗日戰爭紀念日改寫畢】

第七章

一九四八年的周汝昌與胡適

──從「甲戌本石頭記」談起

《紅樓夢》一名《石頭記》。民國十六年（1927）夏胡適之先生在上海購得一部僅存四冊十六回的殘抄本《脂硯齋重評石頭記》，因他認為是乾隆十九年（甲戌，公元1754年）的抄本，故名之為「甲戌本」，且是「海內最古的《石頭記》抄本」。三十七年十二月胡先生倉促離開北平時隨身只帶了兩部書，「甲戌本」就是其一。翌年攜去美國，九年後又隨胡先生來到台灣。五十一年二月胡先生逝世之後，其長子再將之帶往美國，寄存康乃爾大學圖書館。據悉，「甲戌本」去年(2005)已由上海博物館向胡先生的長媳購回庋藏。這四冊線裝舊籍半世紀兩度往返東西半球，最後又落葉歸根，回到上海，應是書史中之異數。

民國五十年胡先生將珍藏的「甲戌本」交台北中央印製廠影印發售之前，用過此書的人很少。民國十九年十一月底胡先生從上海回到北平後，不久即將這部「甲戌本」借

「甲戌本」影印本初版封面之胡適題字

給俞平伯，時間長約半年。其間，還短暫轉借與浦江清。但俞平伯除於民國二十年六月十九日歸還時所寫跋語中提出「甲戌本」「乃由後人過錄」和懷疑評語「是否出於一人之手」外，並未利用此本做過其他研究。浦江清則在二十年一月九日之日記裡說：

> 夜讀此脂硯齋評本《紅樓夢》，與戚蓼生評本比勘，其中問題甚多，苦思不得解決。

以後也未再有所研究。

或許因隨即發生「九一八」、「長城戰役」等國難，學者無心研究紅學；然後是「七七事變」，抗戰開始，胡先生赴美九年；他回國不久後，內戰又起，時局動盪不安，「甲戌本」一擱十七年無人問。直到民國三十七年暑假前，燕京大學學生周汝昌才向胡先生借去，並與其兄周祜昌逕行合抄了一副本。周汝昌因能善用這秘笈，後來成為著名研究《紅樓夢》專家。四十六年後，他於〈甲戌年話甲戌本披露之原委〉文中回憶借用「甲戌本」時說：

原書存在我手，胡先生從未催問，連一字也未曾提過它。他這種對一個素昧平生的學生的慷慨與信任，使我深為感念，至今難忘！

（《聯合報》「聯合副刊」1994年六月十二日）

周汝昌並在十一月底歸還「甲戌本」之前，於其上題有跋語：

卅七年六月自 適之先生借得與祜昌兄同看兩月並為錄副

　　　　周汝昌謹識　卅七.十.廿四

當年胡先生為什麼肯把珍貴的「甲戌本」借給素昧平生的周汝昌，而且一借數月？周氏兄弟擅自錄副，也不生氣？除了他一向以誠信處世待人、樂於助人不藏私的美德外，度其因有二：一是他欣賞好學認真，在動亂年代仍有志於紅樓夢研究的青年，故覺特別值得鼓勵和幫助。更重要的是當時周汝昌尊崇前輩、虛心求教的態度，使胡先生愛之如受業門人。為什麼這麼說呢？

　　　　＊＊＊＊＊＊＊

一九五三年，周汝昌的《紅樓夢新證》在上海出版，並流傳到香港。次年

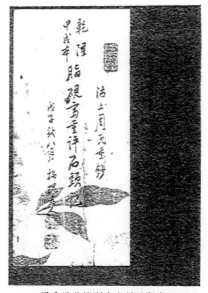

周氏兄弟錄副本之封面題字

《紅樓夢新證》（初版）封面

《紅樓夢新證》（新版）封面

二月胡先生回國參加國民大會，程靖宇從香港寄了一本到台北給他，三月七日胡先生有覆函云：

靖宇兄：

謝謝你寄給我的《紅樓夢新證》。我昨晚匆匆讀完了，覺得此書很好。我想請你代我買三、四冊寄來，以便分送國內外的「紅學」朋友…

四月五日胡先生於搭機返美之前，又有一信説：「你寄來兩大包書，都平安收到了…」。「兩大包書」包括《紅樓夢新證》，胡先生極為讚賞，曾送了一本給臺灣大學。臺大歷史系吳相湘讀後，1954年八月給胡先生的信中也稱讚此書，並説「深感『清算胡適思想』的工作真是白費了」。胡先生的回信説：

你在那信裡大稱讚周汝昌的書，我完全同意。此君乃是我的紅樓夢考證的一個最後起，而最努力最有成績的徒弟。他在書的前面雖然大罵我幾句，但他在許多地方對我致謝意，是

很明顯的。例如三十八頁第八行：「諸收藏家對我的慷慨和厚意，我永不能忘懷；而我的感幸也遠非言語所能表達」。他提出的甲戌本脂硯齋評本，是我借給他兄弟二人去全部影抄的，四松堂集是我臨走時故意留贈給北大圖書館使他可以用的。裕瑞的稿本是孫子書(楷第)送給我，我又還他的。

周書中接受我的成分太多。

同年十二月十七日，在答謝沈怡寄贈「批胡」文件的信中，胡先生因看到周汝昌的文章，而說：

周汝昌是我的「紅學」方面的一個最後起，最有成就的徒弟。他的《紅樓夢新證》已三版…我盼望你尋一部來看看，這是一部很值得看的書。（周君此書有幾處罵胡適…其實我的朋友們罵我，我從不介意…）…

二十一日的信又對沈怡說：「我盼你能看看這部632頁的書」。

類似的話胡先生1960年十一月十九日給高陽的信中也說：

關於周汝昌，我要替他說一句話，他是我在大陸上最後收到的一個「徒弟」。——他的書決不是「清算胡適思想的工具」，他在形式上不能不寫幾句罵我的話，但在他的「新證」裏有許多向我道謝的話…

汝昌的書，有許多可批評的地方，但他的功力真可佩服。可以算是我的一個好「徒弟」。

翌年年元月二十一日，他又在給陶一珊的信中說：

我的一個「紅學」信徒周汝昌在大陸上出版了一部六百多頁的《紅樓夢新證》…。

1948年的周汝昌

故知，胡先生認為《紅樓夢新證》很好，佩服周汝昌下的功夫，視之為自己的弟子或信徒，也不介意「書中有幾處罵胡適」。

* * * * * * *

然而周汝昌日後對和胡先生交往的說法卻大不同，即使「文革」後他也不承認「師生」關係。如在1994年所寫〈我與胡適先生〉一文裡說：

我與胡適是個什麼「關係」？頗有些傳聞議論，自然也就有人願意得知其真情實際。在國內，我所獲得一個頭銜是「胡適考證派」（或者附加上難聽的字眼）；在海外呢？台灣曾有一個小說作者封我為「胡適的關山門的弟子」。關山門，這話似乎有點兒江湖氣味，我並不真懂，倒是「弟子」一詞很是「雅馴」，因為他滿可以尋到別的同義語。

（中略）

我對胡先生的做人，是深衷佩服；對他待我的高誼，我是永遠難忘。這是人與人之間的真誠關係，即

常言所謂「交情」，而學術、文化見解的異同，那是另一回事。有人在此二者上弄些手腳，制造混亂，惑人耳目視聽，那是很無聊的勾當，我就不再多提它了。

在其他文章裡不僅不承認自己是「弟子」，還將關係轉化為「讀者」，他説：

事實上，我連胡先生的「私淑弟子」也遠遠夠不上。我實際只是他的《紅樓夢考證》和《考證紅樓夢的新材料》的一個晚至四十年代才認真思索《紅樓夢》問題的後生讀者。

至於和胡先生間交往則是：

我和胡適之交往，時間並不很長，然而回顧起來，也可以細分為三個「階段」：開頭的階段即上述的經過，因《懋》集而研析曹雪芹的生平的問題。第二階段是向他借閱《甲戌本石頭記》並討論有關問題。第三階段則是由于《紅樓夢》的版本問題而發生了更大的學術見解上的分歧與爭執。

周汝昌並把未能繼續交往歸因於「意見不合」，而在另一文中説：

我們之間的那一種「忘年」也「忘位」之交雖然絕不可誇大說成是什麼「不歡而散」，但終究因彼此見解間的差距無法苟同與遷就，未能延續下去。

差別如此大，事實究竟如何呢？事後的追憶，尤其是上了年紀人的追憶卻不一定正確。就以周汝昌借得「甲戌本」之經過為例，1994年六月他在「聯合副刊」發表之文（見前）裡説：

一九四八年，我冒昧地向胡先生提出請借「甲戌本」。隔時不

1994年周汝昌手跡

太久，一日下午，中國專研古代小說名家孫楷第先生…叩門來訪，我正在撰寫《紅樓夢新證》的書稿，孫先生遞與我一部書…打開看時，正是世人很難得見的「甲戌本」！

到2004年出版的《石頭記會真》第十冊中所收〈平生一面舊城東〉一文還說：

我印象最深的是「甲戌本」的到來和入目，事隔五十多年，其情景仍然歷歷在目。

那是一天下午…忽聞叩門有聲。迎接看時，卻是孫楷第先生…手持一個報紙包，交給我，說：是胡先生捎給你。…

打開看時，一個不太大的舊布函（俗稱「書套」），函內四冊敝舊的鈔本書。…

然後敘述觀看「甲戌本」之經過。多年來一直都說是由孫楷第先生轉交的。但2005年出版的《我與胡適先生》頁80卻成為「胡先生…借閱甲戌本一事，慨然允諾，隨即下位親手將

書遞給了我」！從當年周汝昌給胡先生的信（詳後），可知後一說法才是正確的。

所以，讓我們看看一些五十八年前的原始文件吧。

＊＊＊＊＊＊＊

周汝昌和胡先生交往溯源於民國三十六年十一月，他根據在燕京圖書館看到善本書《懋齋詩抄》中六首有關曹雪芹的詩，寫成了一篇〈曹雪芹生卒年的新推定〉。其中推定曹雪芹生於雍正二年（1724），逝於乾隆癸未除夕（1763年初），享年四十。與胡先生所認為約生於康熙五十六年（1717），逝於乾隆壬午除夕（1762年初），享年四十五歲不同。此文在十二月五日《天津民國日報》的「圖書」副刊發表後，胡先生十二月七日有封給周汝昌的公開信，同意曹雪芹逝於1763年初之說，但「關於雪芹的年歲，我現在還不願意改動。」唯遲至次年一月十八日才寄給該刊的主編趙萬里先生，而於二月二十日以〈胡適之先生致周君汝昌函〉為題刊出。三月十八日，周汝昌回了一封長信，

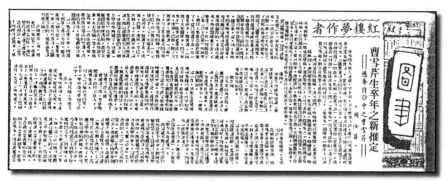

1947年12月5日天津民國日報周汝昌第一篇紅樓夢研究文章

胡適參加國民大會

名為〈再論紅樓夢作者曹雪芹的生年－－答胡適之先生〉，也發表在五月二十一日的《天津民國日報》上。其中表示：

　　…自問無意拋磚，不期引玉，真是欣幸無已。…本來拙文不過就發現的一點材料隨手寫成，不但沒下旁參細繹的工夫，連先生的《紅樓夢考證》都沒有機會翻閱對證一下。倒是先生的來信，卻真提起我的興趣來了。

　　他並用了許多說明，還依俞平伯的辦法排出小說和歷史的「年表」，強調曹雪芹存年四十。全文語氣謙和，如「先生既一面承認雪芹記不清江南，為何又一面堅持非使雪芹趕上他家的繁榮不可呢？」「…希望先生再加推斷，庶幾可以共同尋得一個比較可靠的定讞出來。」最後並說：「匆匆草訖，謬誤自所難免，希匡正是感。」

　　胡先生那時忙於出席國民大會等國家大事，自然無暇回應。因暑假將臨，周汝昌希望借到所需資料，以便工作，

陳寅恪、胡適和林語堂的一些瑰寶遺珍

故經趙萬里先生的介紹,六月四日又給
胡先生一封信。他說:

　　自從去冬偶然為文談曹雪芹,蒙
先生賜覆,興趣轉濃。…起意要草一
小冊子,主旨在更清楚的明瞭了雪芹
的家世,才能更明瞭《紅樓夢》,而
邪說怪語才可以消滅無形了。這個工
作是先生創始的,我現在要大膽嘗試
繼承這工作。因為許多工作,都只開
始頭,以下便繼起無人了,所以我要
求創始的先進,加以指導與幫助。

　　這分明是「拜師」了,而且請求四
點:

　　「清初集子我翻了不少,材料也
多,只是還有些集子明知其中必有材
料而只是尋不到的。先生如有藏書友
好,亦乞介紹」;

　　「曹寅的集子我只見了詩鈔六
卷,是最早刊本。先生舊曾借到詩文
詞詞并別鈔全集…先生還能從天津或
北平替我代借一下嗎?」

　　「先生先生所藏脂批本上的批
語,我要全看一下。《四松堂集》稿

周汝昌1948年6月4日致胡適函,
表示要求胡先生「指導與幫助」

周汝昌1948年7月11日致胡適函，
再要求「指教提掖」

本，我更須要檢索一番。這都是海內孤本、希世之寶，未知先生肯以道義之交不吝借我一用否？…」

「…同一材料，先生當日看過的、用過的，有棄有取，到我手中未必不是全有用處。…先生如自己無作續考之意，可否將以後續得材料及線索一舉而畀余？」

……

我恃了有斐雲先生介紹，便不揣冒昧，如此囉唆 起來，希不怪…

更似因趙萬里（字斐雲）的介紹，求傳衣缽。其後不久，據周汝昌2005年《我與胡適先生》書中之回憶，「是趙萬里先生的盛意介紹，胡先生答應愿一晤談」，他到東廠胡同一號拜訪了胡先生，當場借得「甲戌本」。臨辭行時，胡先生拿了一本《胡適論學近著》，「帶回去，空時不妨翻看翻看，有什麼感想，可以寫信告知。」

顯然，胡先生有收周汝昌為弟子之意，而欲他從此書學得其論學方法。

＊＊＊＊＊＊＊

是年六月底，周汝昌攜「甲戌本」及《胡適論學近著》回天津。七月十一日又寫了一信給胡先生。從民國三十七年六至十月約五個月裏，兩人至少有函十三通，其中五封為胡先生所寫，八封為周汝昌所寫。這些信的內容，過去少人知悉。2004年周汝昌等合編的《石頭記會真》第十冊中除一短函外，其餘皆予轉載，惜有刪節。2005年宋廣波編校的《胡適研究資料全編》則完整刊出。因而可知七月十一日周汝昌在天津寫的信裡說

前造謁，蒙不棄款談，並慨然將極珍罕的書拿出，交與一個初次會面陌生的青年人，憑他攜去。我覺得這樣的事，旁人不是都能作得來的。此匆匆數分鐘間與先生一面，使我感到欣幸光寵⋯

周汝昌表示除寫「原來計劃的小書」，還要寫篇專文「敍論脂本的價值，從此本所能窺見的奧秘，和個人對他的意見」。而且決心做「集本校勘」，他說：

我計劃以下面三本作主幹：

(一)尊藏脂評十六回本

(二)徐藏脂評八十回本

(三)有正刊行戚蓼生本

再參以「程甲」、「程乙」二本，則本來真面，大致可見。東亞（按，應作「亞東」）雖已多次排印，但都未脫離開高蘭墅的煙幕，未免令人耿耿也。

後又說：「徐星署先生之八十回本，現無恙否？如果將來我要集勘時，先生能替我借用嗎？」他並表示：

先生斬荊披棘，草創開荒，示人以周行。然先生太忙，又豈

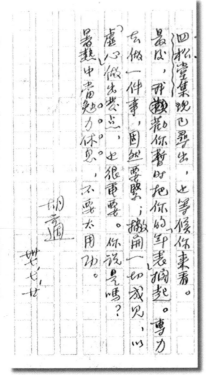

1948年7月20日胡適覆周汝昌函

陳寅恪、胡適和林語堂的一些瑰寶遺珍

能以此為專務，耕稼經營，正須要有人追蹤先生，繼續工作。先生如不以我為譾陋不可教，希望指導我，贊助我，提攜我。且此亦不過諸事之一，我既識先生，即感需先生之指教提挈。先生肯不棄嗎？

懇求胡先生收為弟子之意至明。他於信末還企盼胡先生回覆而說：

先生事情一定很忙，但若能抽空賜一覆函，實感光寵！不勝延佇傾渴之至！

七月二十日胡先生以「快郵」回了周汝昌一封四頁稿紙的長信。明確表示支持，承諾給予協助：

我對于你最近的提議——「集本校勘」——認為是最重要而應該做的。但這是笨重的工作，故二十多年來無人敢做。你若肯做此事，我可以給你一切可能的便利與援助。

有正書局本有兩種⋯你若沒有見到大字本，我可以借給你。

⋯《四松堂集》現已尋出，也等候你來看。

指出「戚蓼生序本」是一精鈔精校，與曹雪芹同時的本子，但提醒注意：「怕的是他是太高明的通人，不免有校改的地方」並在治學方法上給周汝昌以忠告：

最後，我勸你暫時把你的「年表」擱起。專力去做一件事，固然要緊；撇開一切成見，以「虛心」做出發點，也很重要。你說是嗎？

胡先生這信還說：「你的身體不強健，我一見便知。你千萬不要多心，覺得你留下了不好的印象。」並於信末勸周汝昌：「暑熱中當勉力休息，不要太用功。」充分表現出一位長者對年輕學子(周汝昌時年三十的)誠心教導、慈祥關愛，在在皆似十餘年前對待他的學生羅爾綱一般。

＊＊＊＊＊＊＊

收到上函後，七月二十五日周汝昌掛號寄出一信。再要求胡先生在研究方法上繼續給予指導、幫助，而說：「關於集校時實際上應注意之點，及正當之方法，仍希續加指示」。還在得知「徐本」已不知下落的消息後，仍請求幫忙尋找：「務希先生設法輾轉一求此本之下落，諒未必不能發現也。翹企翹企！」並把自己寫成的「跋胡藏《脂硯齋重評石頭記》」長文「請求指正，並希設法介紹他報刊登」

胡先生八月七日寫一短信，指導寫文之道：

你的見解，我大致贊同。但我不勸你發表這樣隨便寫的長文。材料是大部分可用的，但作文必須多用一番剪裁之功。…你的古文工夫太淺，切不可寫文言文。你應當努力寫白話文，力求潔淨，力

避拖沓，文章才可以有進步。（此文中如駁俞平伯一段可全刪。俞文並未發表，不必駁他。）

他認為「今日紙貴，排工貴，無地方印這樣長的文字。」又說：「我的評語，你不必生氣，更不可失望。」唯此信直到九月十二日才與另一信同時寄往天津。在後一信裡又說明：「前信太嚴刻，故本不願寄出，請你看了不要生氣。」胡先生寫道：「我今天花了幾個鐘頭，想替你改削這篇長文，但頗感不容易。」意見是：「全篇之中，只有『異文之可貴』一章可存。」並說：「作文必須痛改痛刪，切不可隨便寫」。完全是以指導學生的態度待之，那篇經胡先生修改過的文稿也於十月底還給周汝昌。

周汝昌回燕京前未獲胡先生回音，於九月十一日寫一函先說明：

…有兩點我必須先向您請罪：

一、《論學近著》原來很新，經一暑期三人閱讀（我的兩個長兄也十分愛看您的書），卻已變舊了…

周汝昌1948年9月11日致胡適函，說明《論學近著》「已變舊了」及擅自將「甲戌本」錄副

陳寅恪、胡適和林語堂的一些瑰寶遺珍

二、脂本是毫無零損…可是我們未曾徵求先生同意，便錄出一個副本來…

並報告暑期「兩月之間，我一力寫《紅樓家世》，完成了大部…希望早日寫完，奉 閱求教。那時務乞先生勿吝一序，庶幾見重於世。」還要求：

我現極欲檢看永瑢的《九思堂詩鈔》和紫瓊的《花間堂集》、《紫瓊崖集》等，先生能替我搜備嗎？至企至幸！

…先生如太忙，不及相見，望將《四松堂集》與大字戚本先交下人…

先生如到南京，千萬抽暇到聚寶山雨花崗上訪訪「曹公祠」(寅)還有沒有。若有，有無碑版文獻？又江寧「儒學」有名宦祠，璽、寅父子俱入祀，亦望一探，或有所獲。

十四日又有一短信，再言請將二書交給門房，並說：「如有他書於曹氏或《紅樓》有關者，亦望一并惠示，切盼至感。」

胡先生收到周汝昌九月十一日的信後，雖南下講學、開會在即，十三日的夜間仍回了一函，對周氏兄弟不經允許就抄錄「甲戌本」副本和「《論學近著》已變舊了」毫無不快，反予嘉許，他說：

你們弟兄費了整整兩個月的工夫，抄完了這個脂硯甲戌本，使這個天地間僅存的殘本有個第二本，我真覺得十分高興！這是一件大功勞！將來你把這副本給我看時，我一定要寫一篇題記。這個副本當然是你們兄弟的藏書。我自己的那一部原本，將來也是要歸公家收藏的。

《論學近著》，給你們翻舊了，我聽了也高興。

另又指示查看曹寅父子上康熙皇帝的密摺，及尤侗的集子。也告訴周汝昌曹寅有一女嫁給「蒙古王」（按係「鑲紅旗王子」之誤記），「所謂元妃，大概指此。」

＊＊＊＊＊＊＊

　　周汝昌收悉各信後於九月十九日致胡先生一長函，先云：

　　承你慨然許諾副本為我所有，並允為作題，真使我萬分高興！《論學近著》翻舊了，你也概不加罪，我只有感佩。我覺得學者們的學問見識，固然重要，而其襟懷風度，也同樣要緊，我既欽先生前者，尤佩先生後者！

　　然後表達對胡先生批評的感激和説明：

　　…先生這樣不棄，諄諄教導，　非常情能及，我非糊塗人，定感知遇。先生怕我生氣，怕我失望。我告訴先生，絕不會的。…我只有驚寵、慶幸。

　　…但我寫此文的主意，還是着重在那幾點見解上。幾點見解，先生既已大致贊同，我之目的已達。…

　　…請先生不要因看了我那一篇拙文而感到失望。倒是將來把《紅樓家世》稿本呈去時，還要求先生更嚴刻的加以批評指正。…我一定聽從先生，處處以材料充實他，決不多說一句廢話，以求潔淨，而避拖沓。

　　還要求以下各事：

　　…我懇切祈求先生仍為我搜借：一、《棟亭全集》本。二、允禧之《紫瓊》、《花間堂》各詩集。三、永瑢之《九思堂詩》。四、永忠之《延芬室詩》（戊子初稿）。

又先生當初說遍查過康、雍、乾三朝的妃子，無曹姓者，先生所查何書？專門記載各皇帝妃嬪者有何書？先生說曹寅一女嫁蒙古王子，"蒙古"二字何據？千祈一一詳告！

我再提雨花崗上的曹公祠，先生千萬不要忽略他，最好能去一訪。意外收獲，是很難說定的。

十月二十三日給胡先生的長信中，周汝昌再次表示：

先生臨行之前，想像是在怎麼百忙之下，還連接為我而寫兩封信，那樣懇摯指導。中心藏寫，迄不能忘。

他又轉述其兄周祜昌的話：

在相交不久之下，便獲得了先生那樣親切的信，已是自己人的信，不再是寫給生人外人的信了，這是極為難得的事。

隨後表示：

由於先生的指示，使我對《紅樓家世》一草，更不敢率爾從事。…但又想，這個半成形的初草也無妨使先生一見…因而可以通體指導我、幫助我、教正我。…

…在《索隱》等書之後，壽鵬飛的《本事辨正》，景梅九的《真諦》，都為該派張目！…反觀先生之後，並無一人繼起作有系統的接續研究，為我派吐氣。…所以我這樣孜孜于此事，也不是一件毫無意義的事…

也再次希望胡先生在研究方面給予幫助，他說：

兩個最基本的史料：《棟亭》全集本和故宮摺子，我全無由運用。先生還能在天津根尋當初的「公園圖書館」的藏書和在北平故宮文獻館給我安排最大可能的便利嗎？李煦的全部折子還在，此外

還有織造衙門和內務府的文獻都是無盡寶藏，必須發掘的。人微言輕的學生，在社會上想作任何理想的事亦困難萬分。先生能替我想一個辦法，真是受惠無窮的。

函末還要求：

…先生前信所說欲費些工夫替我刪為一短潔可看的小文。先生若有此空閒，有些興致時，千祈仍照原函所說一作，至幸至盼。

顯然周汝昌表示自己有心繼承胡先生所開創的紅學事業，並一再請求幫助找資料、指導文章之撰寫，完全是學生對老師（或研究生對指導教授）的關係了。

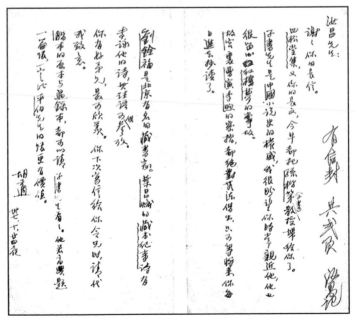

1948年10月24日胡適致周汝昌「最後」之函

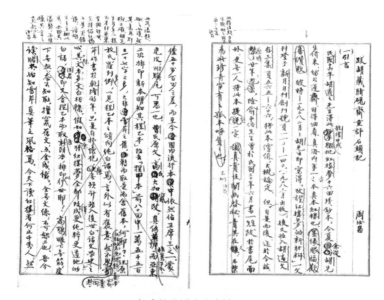

胡適批改周汝昌稿原跡

* * * * * * *

胡先生十月二十二日從南方回北平，兩天後就寫了覆周汝昌的最後一信，內容簡短扼要，全函如下：

汝昌先生：

謝謝你的長信。

《四松堂集》，又你的長文，今早都托孫楷第（子書）教授帶給你了。

子書先生是中國小說史的權威，我很盼望你時常親近他，他很留心《紅樓夢》的掌故。

故宮裡曹寅、李煦的密摺，都絕對無法借出，只可等將來你每日進去抄讀了。

劉銓福是北京有名的藏書家，葉昌熾的藏書紀事詩有專詠他的詩，其註語可供參考。

你有好弟兄，最可欣羨。你下次寫信給你令兄時請代我致意。

脂本的原本與過錄本，都可請子書先生看看。他若高興題一篇跋，一定比平伯先生的更有價值。

胡適 卅七，十，廿四夜

周汝昌獲得上函及函內所說的「長文」和《四松堂集》後，十月二十九日寫給胡先生一信，也是最後一信。其中又表示：

…先生種種的美意，以及為我而費的事，我都感激不盡。

…拙文本太醜，承為手削，光寵莫名。

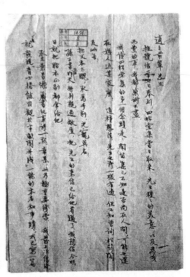

1948年10月29日周汝昌致胡適「最後」之函。表示文稿「承蒙手削、光寵莫名」及請教《論學近著》裡的問題

陳寅恪、胡適和林語堂的一些瑰寶遺珍

…承示葉昌熾藏書紀事詩一點，幸甚。…

…先生致家兄一節，尤為感激…在此我先替他向先生道謝。

他除請教了《論學近著》裡「老在莊後」的問題，又要求：

故宮密折我知道不能外借，我是想將來若去抄讀時，懇請先生一為介紹，就佔便宜了，不然他們可能嫌麻煩而不待見。

…先生如果能不時晤及孫先生，可否仍托他把先生允借的大字戚本也帶給我一用。如無困難，乞不吝，盼甚感甚！

函末還說：

家國學校，無一處不使先生忙碌勞神，心境也未必常得寧貼，我時時以極不要緊的閒事來瑣瀆清神，實感不安之至。天道乍寒，諸祈為道自重。

不久以後，胡先生果將「大字戚本」託孫楷第轉交給周汝昌。是年十二月十五日，胡先生乘飛機南下，次年四月初由滬赴美，離開了中國大陸，結束了兩人不到一年的「紅樓因緣」。

＊＊＊＊＊＊＊

由以上十幾通信件內容來看，儘管周汝昌日後否認，一九四八年時確係主動、自願以「弟子」的身份向胡先生求教。當時他言語謙恭，虛心受教、不斷向胡先生求助，完全是門生對師長的態度。胡先生方面，只要是能力所及，幾乎是有求必應，而且諄諄教導，親切關懷，至於慨借珍藏則更證已視周汝昌為「自己人」。所欠的應該只是正式「拜師」的手續吧！幾年後胡先生向吳相湘等誇讚這位「紅學方面最有成就的徒弟」，可說是周汝昌「實至名歸」，誰曰不宜？

周汝昌日後在談及和胡先生交往時，除了不承認「師生」關係，

周祜昌（左）與周汝昌（右）晚年合影

倒也感謝和肯定胡先生的為人。他經常強調彼此的「分歧」和「爭論」，以及他認為胡先生「膚淺」之處。言語間常表示有不滿和怨懟之意，也偶爾有意無意貶抑胡先生著作的價值。唯與已披露的信件內容比對，則知多不符一九四八年的事實。現舉幾個例子。

　　一、周汝昌在2005年出版的《我與胡適先生》一書中寫他1948年看到二月二十日《天津民國日報》中胡先生的答文後寫道：

　　…見胡先生的贊語，雖覺鼓舞，但並無受寵若驚的念頭；及見後幅不同意我的關於曹雪芹生卒年考證，而理據太不充分，心裡的「不服氣」壓倒鼓舞、感動之情。…我決意撰文爭辯…

　　之前，他也在《倡導校印新本紅樓夢紀實》一文中說：

　　胡適對我拙文論點只同意一半，我當時少年氣盛，遂又撰文與之商榷…由此一發而「不可收拾」──我本無意研究紅學，但為爭辯真理，就難

以中止了。

　　唯他雖寫了許多理由「爭辯」其觀點，胡先生始終未予回應，以後各函中周汝昌也沒再提過，構不成什麼「分歧」或「爭論」。他往後的研究確係受到胡先生的鼓舞與引導，而非只爭辯「曹雪芹生卒年」。

　　二、周汝昌1994年回憶初次拜訪胡宅說：

　　臨辭行，他拿出一本《胡適論學近著》借與我，囑我帶回去看。不知何故，此書竟未給我留下較深的印象與記憶。

　　然1948年的信中寫的卻是：

　　《論學近著》原來很新，經一暑期三人閱讀（我的兩個長兄也十分愛看您的書），卻已變舊了…

　　九月最後的信還向胡先生請教《論學近著》中的問題，可見其回憶之不實。

　　三、按照周汝昌的敘述，兩人在《紅樓夢》的版本問題上也有「爭執」，以致胡先生在其〈跋胡藏《脂硯齋重評石頭記》〉長文文稿上「劃了一個通頁的大『十叉』，並于眉上批注，將文稿寄回來，說這文章無處發表」。這一「爭執」和「退稿」導致兩人的交往「未能延續下去」。然實際情形卻非如此。前引八月七日及九月十二日胡先生的兩封信已充分表達其意見，周汝昌九月十九日與十月二十三日的信不但表示欣然受教，而且「我只有驚寵、慶幸」，「那樣懇摯指導。中心藏寫，迄不能忘」。更說：「將來把《紅樓家世》稿本呈去時，還要求先生更嚴刻的加以批評指正」，無何「爭執」可言。

　　實際上，周汝昌十月二十七日才拿回胡先生披改過的文稿，

二十九日所寫的信中還說：「拙文本太醜，承為手削，光寵莫名」，也還有一些要求，看不出任何不快，更看不出有任何「爭執」。唯此後因時局驟變，兩人沒機會再見面也無任何聯繫。這應才是兩人的交往未能延續下去的原因吧。

＊＊＊＊＊＊＊

胡先生在國事蜩螗，時局與個人行止都處於高度不安定的期間，還能對一個年輕人的治學研究給予耐心、熱情的指導和慷慨、無私的幫助，無疑是中國學術史上的一個絕佳典範。應永遠受到景仰與褒揚。

在周汝昌方面，如果當年沒有胡先生的幫助、指導和鼓勵，他的「紅樓夢研究」能否順利進行？其《紅樓夢新證》一書初版內容能否那樣充實？均可質疑。但他卻炮製了一些不符史料的當年情景，只說：「在這一年之間，我從胡先生那裡獲益匪淺。」（《我與胡適先生》頁122）。真希望早日讀到他的另一篇「自糾己謬」，否則不得不令人惋歎何以這「師徒」二人的學品，竟若雲泥！

【載《歷史月刊》224期，2006年九月，頁95-105。】

附註：2006年八月九、十日《聯合報‧聯合副刊》有張作錦所著〈紅樓夢應列為第十四經〉一文，是訪周汝昌後所寫。其中有云：「自從胡適這位師父把他引進門，周汝昌一甲子的修行，已經寫了近四十本紅學著作。」雖所謂「近四十本」著作實有些是重複的，但可見張先生亦信周汝昌是胡先生的「徒弟」。

第八章

熱愛中華民國的胡適之先生

據報載民國91年七月中央研究院院士會議中，李遠哲院長表示：因經費不足，無法聘得世界一流學者來台工作，也有已在中研院工作表現傑出的學者為他國高薪「挖角」而將離去，他並感嘆現已無法以「民族主義」來吸引人了。李院長所言令筆者想起曾任中研院院長的胡適之先生。這位對近代中國影響至鉅的一代學者，也是一位愛國者。他曾因熱愛中華民國而捨棄擔任牛津大學講座教授的機會，也未曾因沒有固定職業收入而前往已和中華民國沒有邦交的英國以獲取優厚待遇。胡先生這段往事，似未見人特別談論。《胡適之先生年譜長編初稿》不載，余英時《重尋胡適歷程》亦未言及。

胡先生自1949年四月赴美，到1958年四月返台任中研院院長，旅美九年。其間自1950到1952年曾以正教授級職擔任普林斯頓大學葛思德圖書館館長兩年。由童世綱先生協助他整理館中收藏漢學書籍，並曾舉辦一

大師的零玉

胡適在普林斯頓大學

Saturday, August 30, 1952
243rd day—123 days follow

Oxford Univ. 的 Prof. H.H. Dubs 寫信來說，Oxford 的 Spalding Professorship of Eastern Philosophies + Religions，原係 Redhakrishnan 擔任。他去印度都總統（印度副總統），回國去了。Dubs 問我願不願讓 Oxford 把我選舉去。

此事去年 Dubs 已寫信來，我不曾回他同信。

今年十月二日須選人，故 Dubs 的信行得很急，又托房兆楹（Fang）之妻勤篤。

我今天回他一信，說我不能接受。

但因英國政府已承認了中國共產黨的政權，我就不當很感覺困難了。今天同行的C先生陪我去行友我的同信抄本，都寄給外交部長葉公超，請他王雪艇、羅志希商量，如他覺此事可向總統蔣公表示。如他們覺得我不應該推辭，我可以再行取消。

1952年8月30日胡適日記

次「十一世紀中國印刷術」特展，親自撰文介紹，使葛思德圖書館聲名大噪，自此成為許多漢學家必訪的重鎮。胡先生對該館的貢獻並非一般圖書館館長所能為；也更不是某些人所說只是個「圖書管理員」。十餘年前筆者造訪該館時，猶見胡先生的大幅畫像掛在入口處。

一九五二年八月之後，胡先生除曾兩度短期來台外，都住在紐約，只偶爾出外演講或訪友。因此，當時和後來都有人說他一九五二年下半年起就失業潦倒、閒居無聊，只好回到台灣。事實上英國牛津大學曾打算聘胡先生為「東方宗教與哲學」的斯巴丁講座教授。然而胡先生為了尊重中華民國政府的意見而予婉拒。據《胡適的日記》（遠流出版社），他當時有幾篇相關的日記如下：

（一）一九五二年八月三十日，星期六

Oxford Univ. 的 Prof. H. H. Dubs 寫信來說，Oxford 的 Spalding Professorship of Eastern Philosophies

118 陳寅恪、胡適和林語堂的一些瑰寶遺珍

and Religions原係Radhakrishnan擔任。他去年被舉為印度副總統，回
國去了。Dubs問我願不願意讓Oxford考慮選我，此事去年Dubs已有
信來，我不曾回他的信。

今年十月二日須選人，故Dubs八月初寫信給我，又托房兆楹兄
來勸駕。

我今天回他一信，說我可以接受。

但因英國政府已承認了中國共產黨的政權，故我曾很感覺遲
疑，今天回信後，即將Dubs原信及我的回信鈔本都寄給外交部長葉
公超，請他同王雪艇、羅志希商量，如必要時，可問總統蔣公的意
見。如他們覺得我不應該接受，我可以去信取消。

按：這篇日記裡說的H. H. Dubs教授即「德效騫（Homer Hasenpflug
Dubs）」，是位著名的美籍漢學家，生於1892年逝於1969年，是哥倫
比亞大學的碩士（1918），芝加哥大學博士（1925）。曾將《荀子》和
《漢書》譯成英文，在牛津大學講學多年，地位很高，他的提名應只
是一種形式。換言之，只要胡先生同意，牛津大學就會聘請。胡先生
所謂「此事去年Dubs已有信來」，是指1951年三月十一日德效騫曾致
胡先生一函，言當時的斯巴丁講座教授印度學者Radhakrishnan爵士1953
年將退休，希望胡先生告知是否願意屆時繼任。1952年八月二日又要
求胡先生同意他的提名。

(二)一九五二年九月十一日，星期四

今天葉公超從台灣打來的電話，說Oxford的事，他個人贊成我
去，但王雪艇、羅志希都不願意我去，蔣公也不贊成。

(三)一九五二年九月十二日，星期五

今天雪艇來電：「喬治給我看了你的信，我與羅和蔣談過，我們都極力勸你不接受聘請。」

按：以上各篇中的雪艇是王世杰的字，喬治是葉公超的英文名，羅指羅家倫（字志希），蔣和蔣公均指蔣介石總統。胡先生日記裡的這份電報內容原是英文，筆者譯成中文。

(四)一九五二年九月十三日，星期六

昨天給Prof. H. H. Dubs一信，說，我的好朋友都不贊成我到英國去，因為英國已承認了中共政權，怕我受不了那邊精神上的苦痛。信附在此。

（附信從略）

按，胡適紀念館編《論學談詩二十年》（聯經出版公司，1998年）頁136-137有1952年九月二十一日胡適致楊聯陞一函，中有一段專述此事，現轉錄於下：

…Oxford的Spalding Professorship因為Radhakrishnan回國做副總統了，故提早於今年十月二日選舉。德效騫有信來，我本來已決定

1952年9月11日及12日的胡適日記

考慮。但後來我同幾位老朋友（其中多數向來是英國同情者，也有牛津畢業的）談談，他們都不贊成，都說我受不了此時英倫的「空氣」，一定要感覺精神上的苦痛。我也留意我的英國舊友如 C. K. Webster, Julian Huxley, Joseph Needham 等人的議論，的確有點受不了。所以最後決定去信說明不考慮。

胡先生原函手蹟如附圖。

（五）一九五二年九月三十日，星期二

今早回家，信件之中，有 H. H. Dubs 一信，他說 Oct. 2 的選舉會改期到 Oct. 14，如果我有意，他仍願提我的名字。

他提出三項理由，要我再考慮。

按，德效騫的三項理由是：一、牛津的講座與政治無干，也不論國籍，純就學術覓求最佳人選。二、英國是堅定反共的，傑出的共產主義反對者如胡先生將受到歡迎。三、英國承認中共政權只是因為中國是由中共所統治，且係前執政黨之所為。他更以「對非共中國或

1952年9月21日胡適致楊聯陞函

1952年9月17日德效騫再向胡適勸駕之函

許是重要的」，認為胡適「應接受這一知名而有益的職位」。（It may be important for non-Communist China that you should take a prominent and useful position here.）德效騫函件見附圖。

（六）一九五二年十月一日，星期三

今天回Dubs一電：

Heartily appreciate your frank letter which arrived during my absence. Deeply regret I shall have to disappoint you by requesting you not to propose my name.

Hu Shih

　　由這六篇日記可知胡適之先生因尊重蔣介石、王世杰和羅家倫的意見，以行動支持在台灣的中華民國政府，而放棄到已承認中共政權的英國去任教。即使是世界聞名的牛津大學，又有相當優渥待遇之五年聘期，亦無所惜，可見他是多麼熱愛中華民國。甚至德效騫教授於胡先生已決定不赴牛津後，還給他一信說明教授選舉會已延期舉行，提出三點理由。希望說服胡先生再予考慮。但胡先生得信後即回一電報，再度辭謝。更見其意志之堅定，今世愛國如胡先生者，能有幾人？

【初載《歷史月刊》2002年八月號，頁120-121。2006年七月增訂】

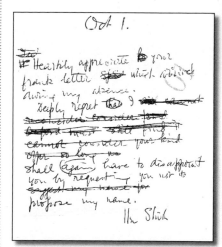

1952年10月1日胡適給德效騫電報之手稿

一九四八年底胡適之先生南下時，許多來往信件和日記都留在北平。其中有一部分後歸北京大學圖書館收藏。包括胡先生早年在澄衷學堂時期的日記，手抄徐志摩日記兩頁，中文信一百十七件，英文信一百四十二件，皆是向未公諸於世者。北京的清華大學出版社2003年六月出版了影印本《北京大學圖書館藏胡適未刊書信日記》一厚冊，說明係由北大和清華的幾位「專家」審閱、整理與註釋而編成。不久前於坊間購得一冊，讀後覺此書頗富參考價值，惜有不少缺失。乃就筆者所見，分述於下。

一、標題的錯誤

（一）第一部分目錄題名為「澄衷中學日記」，而封面印成「澄中中學日記」，皆誤。胡適十五歲到十六歲在上海就讀的是「澄衷學堂」，而非「澄衷中學」或「澄中中學」。

（二）因不了解舊時公文格式和機構名稱，而所標發信所標發信人與收信者皆誤。170頁原為「熱帶病研究所」向「中華教育文化基金董事會」申請經費之公函，編者誤以為是「中華教育文化基金董事會熱帶病研究所」給胡適的信！而211頁之「China Found」即「中華教育文化基金董事會」，英文簡稱「The China Foundation」的縮寫，編者卻未說明。

二、註釋的錯誤

（一）「時間」之誤註。如131頁有T. P. Hou（詳後文）於一九四一年十月二十一日給胡適的信，乃說明為范旭東轉信及一「苦撐待變」印章給胡適。因此，131頁左下那封王重民「七月十六日」寫給「（傅）安民」（大使館的秘書）之函似應是該年十月二十一日以後所寫，而

「澄衷中學」為
「澄衷學堂」之誤

不知公函格式的誤讀

非「一九四一年」七月十六日。又如
136頁羅倬漢之函署「卅五年十月廿
一日」，乃「一九四六年」，誤註為
「一九三六年」。

　　（二）「人名」之誤註。多因編者不
識英文草書而有誤判。其中最不可思議
的是三封著名外交家顧維鈞致胡適的
信：八月十五及二十七日兩封（330-332
頁）英文簽名為「V. K. Willington Koo」
誤讀為「V. K. Willingtucker」，而1938年
七月二十五日一封英文（337頁）簽名
為「V. K. W. Koo」，竟因為不識而定為
「someone（某人）」之函！其實各函
所用信紙是「巴黎中國大使館」，稍具
近代中國外交史常識者應知顧維鈞，且
他自1932年十月到1941年七月先為駐法
公使、後為大使，從信的內容亦不難看
出作者身分，但編者卻未做到！另一例
為265-267頁的「Ibing Wah」，實乃柏
克萊加州大學政治系教授馬如榮英文名
「Wing Mah」，之誤讀。又如239頁之
「Ernst Jackh」應作「Ernst Jäckh」，似
編者或校對人不明「a」和「ä」之異。

不認識顧維鈞(Willington Koo)的英文簽名

不認識Wing Mah的英文簽名

不知 T. P. Hou 即侯德榜

三、註釋的疏漏

(一)一些信件日期未註出。例如129頁陳聘丞之信應屬1939年,蓋自胡適日記可知陳聘丞1939年底在美國,1940年初已回中國。又如300頁Margaret Chew與302頁Mary A. O' Halloran的電報日期,也可從胡適日記查知,皆為1938年七月13日所發。

(二)許多有關信件作者的說明欠完整,甚至相當有名之人的姓名亦未註出。如上述131頁的「T. P. Hou」即是發明「侯氏製碱法」而國際知名的中國化工大師侯德榜。又如124頁的「張慰慈」乃胡適的同學及摯友,中國早期著名政治學者,1933年從政,任鐵道部參事等職,胡適任駐美大使時曾欲請其赴美協助,但未獲政府同意。154頁的「梁龍」是位老外交官,曾任駐羅馬尼亞、捷克和瑞士的公使,1945-1949年為中國駐捷克大使。204頁之「C. K. Sze」即320-321頁之著名外交官「施肇基」;184頁與191頁之兩函也是他

人寫給「施肇基」的。244頁之「H. N.
Spalding」則為英國牛津大學著名的中
國哲學教授。

　　(三)其他許多人名，因未檢閱相關
資料而未查出。如由《胡適日記》（台
北遠流）及《胡適及其友人》（香港商
務）便可知「徐大春」（146頁）是胡
適摯友徐新六之子。210頁之「Chen」
即胡適好友，時任香港中國銀行經理
的「鄭鐵如」。233頁之「Ehrenfield
Pfeiffer」乃一瑞士土壤專家（見1938年
六月二十二日的「日記」）。292-294頁
二函的作者「Liu Yu-Wan」即「胡適日
記」中多次提及之外交官、也是胡適
的好友「劉馭萬」。304頁之「Mary M.
Starr」為胡適摯友C. V. Starr之妻。344
頁之「W. Perceval Yetts」是倫敦大學
藝術考古教授（見1938年八月十七日的
「日記」）。又據《回憶胡適之先生文
集》：「竹垚生」（106-108頁）曾任北
京浙江興業銀行副經理，「獨立評論」
社員，與胡適交往很密切。

　　(四)因未詳讀書信內容而不能加以

△ 王志維藏胡適書題

胡適16歲時日記中之提字

學者所以學為人而
已非有他也
丙午夏五月適之
錄陸子語以自警

註釋。如149頁的「翁燕娟」為翁文灝之次女。英文信部分的第一封胡適致「Miss Chapin」（1944年十月十日）（181頁），係答後列（259頁）Helen B. Chapin 1944年十月四日致胡適函者，編者並未發覺兩函的關係。至於198-199頁1941年五月二十日寫信給胡適的Bert，從上述馬如榮（Wing Mah）致胡適之函（265-267頁）可知即馬如榮之妻。而胡適於同年七月三十日之日記所云：「寫信給冬秀、Mrs. Mah、吳健雄、Dr. Williams」，其中Mrs. Mah 的一封可能即是對該函的回信。

由上文可知，只要詳讀書信內容，查看《胡適日記》、《胡適及其友人》、《回憶胡適之先生文集》等書，再加上一般知識的判斷，即可正確註出《北京大學圖書館藏胡適未刊書信日記》中之許多書信的作者，也能找出一些信件間的關係。可惜北大和清華這兩所名校的專家們卻未做到。詳註全書，還需查核其他資料，恐須待其他有心人了。

【原載《歷史月刊》204期頁92-95，2005年】

第十章

胡適日記中的另位異國異性知交

——哈德曼太太

名人的愛情故事，無論是虛幻或是真實，總能引起許多人的興趣。胡適之先生自不例外，他早年留學時和美籍摯友韋蓮司女士的「深情五十年」，近年來一直是海峽兩岸都關心的故事。如1988年台北聯經出版公司出版，周質平所著《胡適與韋蓮司》；2003年湖北人民出版社出版，朱洪所著同名之書；和他人一些單篇文章皆擁有許多讀者。2004年則又有郭宛寫了一本《浪漫人生—胡適和他身邊的女人》（台海出版社），其中還有胡適和他三嫂的妹妹曹珮聲間的戀情。余英時先生則於2004年五月三日和四日的〈聯合副刊〉發表了一篇「赫貞江上之相思」，指出從胡先生的日記可知他曾與一位美國Roberta Lowitz女士間有段「不為人知」的情緣。十月五日和六日又補充了一篇「Lowitz向胡適示愛」，主要用Lowitz女士一封以「小孩子」為名打給暱稱胡適「老頭子」的電報，加強其論證。

駐美大使任內的胡適

　　然而筆者以為余先生所謂的「赫貞江之第二回相思」應是對韋蓮司女士的不能忘情。蓋胡適日記中曾寫1938年四月十九日在火車上

　　「看赫貞江的山水，想起二十年前舊事。」

　　六月五日乘汽車過跨赫貞江橋時也說：

　　「Hudson江的風景很可愛，使我回想起二十多年前。」

　　而他1941年冬的「無題」詩（見十月五日〈聯副〉）之對象，恐亦非指1938年Lowitz女士電報中的「love」。按Roberta Lowitz女士是位有夫之婦，又稱Mrs. Grant，當時很可能是胡適之恩師杜威的秘書並照顧其生活，杜威雖與她相差四十五歲，卻時常共同在外用餐和出遊，1947年於杜威八八高齡時兩人結婚。1938年胡適抵美後與她相識並曾有短期的密切交往，胡適不可能看不出Lowitz女士與杜威之間的關係，而本人對「愛情」的觀念已不同於早年。故這段交往應係落花（Lowitz女

士）有意，流水（胡先生）無情而告終結，並非由於胡適就任中國駐美大使所造成的不便。因胡適在大使任內，一直和另一位異國異性——他的護士哈德曼太太（Mrs. Virginia Davis Hartman），經常來往。

根據傅安明先生在「如沐春風二十年」一文中的描述：

「哈德曼夫人是一位高技術的心臟特別護士，比胡先生大概小十多歲。她是一位瘦瘦的單身職業女性，有修養，有氣度，和藹可親，善體人意，但並不漂亮。胡先生病後到紐約去時，必會跟她見一面。胡先生一九四二年九月卸去大使職後，遷居紐約，住東八十一街一〇四號。這公寓就是哈德曼夫人替胡先生安排的。此街是高尚住宅區，出入也方便。胡先生旅居紐約三年多，到一九四六年六月五日才乘船回國任北大校長。這三年多期間，哈德曼夫人對胡先生的寂寞生活的調劑，是很有幫助的。」

胡適1938年6月5日的日記

胡適1939年2月20日的日記

胡適與使館同事在雙橡園

按胡適1938年十二月四日從華盛頓到紐約演講,當晚得病,次日知是心臟病,乃進入Presbyterian(長老會)醫院的心臟科治療,1939年二月二十日出院。當天的日記云:

「今天下午離開Harkness Pavillion,坐四點半的車子回Washington。游建文兄與護士Mrs. V. D. Hartman同行,八點〇五分到。」

這是胡適日記中第一次提到照料他的護士哈德曼太太,這位護士留在華盛頓大使官邸繼續照顧胡適,到三月十三日才回紐約。這天胡適的日記説:

「看護Mrs. Virginia Davis Hartman今天回New York去。她從十二月六日看護我,到今天已九十七天,待我最忠愛,我很得她的好處,今天她走了,我覺得很寂寞。」

自此之後,兩人就有近二十年的交往,胡適每到紐約,幾乎都與她有過從。由以下的胡適日記,可知道兩人確有深厚之誼,哈德曼太太可説是胡適的另一位異國異性知交。

1939年日記：

二月二十日（見上文）

三月十三日（見上文）

六月七日 （在紐約）「……去看Robby Lowitz，不在，也留一片。……Robby來，用車子送我到965 Fifth Ave, C. V. Starr的家中。

C. V. Starr夫婦邀了John Gunther夫婦，Smith夫婦同吃飯，談的很痛快。

看Mrs. Hartman。十二點上車，回Washington。」

九月二十三日「我的舊日護士Mrs. Virginia Davis Hartman到美京，我請她在Wardman Park Hotel吃飯。」

（按以下原有一句「他談Robby事，頗耐尋味」，但又刪去。）

十月十一日「回到New York。Mrs. Hartman來吃午飯…」

十一月二十六日 （在紐約）「Mrs. Hartman來吃午飯…」

胡適1939年9月23日的日記

十二月五日「到New York，……今天是我因心臟病入醫院的整一周年，所以我約了李國欽夫婦，Dr. Robert L Levy and Mrs. L，Dr.趙不凡 & Mrs. C.……Mrs. V. D. Hartman.……同來吃晚飯，作一個紀念會。趙君夫婦不能來，餘人都來了。這一晚我很高興。」

由此可知，傅安明說的：「胡先生病後到紐約去時，必會跟她見一面」，一點也不錯。值得注意的是六月七日那天在紐約，雖然Robby開車送他到Starr的家中，和胡適晚餐後談到子夜上火車前的卻是哈德曼太太，且兩人還「談Robby事」。這一年，胡適日記裡對她的稱呼都是「哈德曼太太」，翌年則改為「V. D. H.」，甚至簡稱「V」了。

1940年日記：

一月三日（在紐約）「……看V.D.H. and E.C.，同吃晚飯。」

一月二十五日「在New York，……散會後去訪V，半夜後上車回家……」

一月二十六日「早七點到京，……下午六點廿分到紐約……夜訪V.……。」

一月二十八日（在紐約）「……V.來，與光甫同吃飯……」。

三月十四日（在紐約）「與V.D.H.吃早飯……」。

四月二十九日「到紐約……V.D.H.來」。

五月九日「早晨到紐約……V.D.H.來談……」。

五月二十三日「到紐約……V.來。」

1941年日記：

一月二十三日「在紐約……V.來」。

一月二十四日 「在紐約……
V.來，同吃茶。」

二月二十二日「……坐Bus到紐
約。……V.來吃午飯。」

二月二十三日 （在紐約）「……
V.來。」

本年日記缺的不少，五、六月各只
有一篇，八月三日至十二月二十二日全
缺。

1942年日記：

一月一日（在紐約）「……從V.處
到旅館，趕十點半車子回京。」

一月二十一日「……下午兩點到
紐約，……九點半去看V. D. H. 。」

本年日記也多有缺。二月十二至五
月十八，五月二十至九月十七皆無，以
後也只剩九月十八到二十一、及二十八
日五天的。

1943年日記：

一月十三日（在紐約）「……鯁生
回來了，來談。Virginia Hartman也來
了，我們同去吃夜談」。

二月十五日「…… Mrs. V. D.

胡適1943年2月15日的日記

Hartman叫房主在我書房裡添做了一個大書架（這是第五個書架了）」。

二月二十三日「…周公與大春與Mrs.Hartman同來喝酒，同去吃晚飯，飯後同去National Theatre看Sidney Kingeleny的新戲 "The Patriots" …這是我自動的去看戲的第一次。」

七月二十八日「…晚上與V.D.H.去看戲。…」

這幾年，兩人來往相當密切而且是公開的，1942年曾同度「新年」。同年九月胡適卸任駐美大使後就住在紐約，而其居處即是哈德曼太太替他找的，也為他叫房東「添做了一個大書架」。周鯁生教授是他的好友，徐大春則是亡友徐新六的兒子。二月二十三日胡適邀哈德曼太太與周、徐二位觀劇後，又與哈德曼太太看過幾次戲。有兩次，他的兒子胡祖望也在場。見下文。

1944年日記：

十二月四日 （在波士頓）「寫信給V.D.H.，謝謝他六年中特別看護我、幫助我，辛苦的讓我舒適。」

十二月十六日 （在波士頓）「明天是我五十三歲生日，昨天鯁生與Mrs. Hartman從紐約來。…今晚我在飯店請一班朋友吃飯，連我共廿一人，很熱鬧。在座的是趙元任夫婦、周一良夫婦、王恭守夫婦、Mrs. Hartman、薩本棟、吳憲、張福運、裘開明、鍇兄、馭萬．、大春、祖望、楊聯陞、王岷源、王信忠、鯁兄、張其昀。…」。

按此年十月至次年五月底胡適在哈佛大學任教，不住紐約。哈德曼太太特別從紐約去波士頓向其祝壽，而胡適所請的客人裏，只她一位外國人，可見兩人之關係。一些中國友人也知曉他們的特殊關係，

楊聯陞就是其中之一。據他的學生余英時在《論學談詩二十年》（聯經出版公司，1998年）一書之序言中説：

…1944年12月21日楊陪胡下鄉買一批老傳教士留下的中國舊書，胡在日記中寫道：「楊君在火車中作小詩：才開壽宴迎佳客，又冒新寒到草盧。積習先生除未盡，殷勤異域訪遺書。」

胡的生日是12月17日，這一年有不少朋友從各地來為他祝壽，先後有兩次大宴會，因此才有首句的「才開壽宴迎佳客」。但後來楊先生告訴我，此句的「佳客」原作「嬌客」，戲指胡的美國女看護。胡笑了一笑，把「嬌」字改作「佳」字。

女看護就是指哈德曼太太。

現存胡適日記中，不知何故，缺了一九四五年部分。

1946年日記：

一月五日「與Mrs.V.D. Hartman，祖望同去看戲，戲名 "State of the Union" ……」。

一月十日「同祖望與V.D.H.去看

胡適1946年1月5日的日記

G.B.S. 的 Pygmalion……」。

二月八日 （在康乃爾大學）「……在電話上與思杜談，與V. D. H.談……」。

四月二日 （在紐約）「Virginia Davis Hartman 説，她小時，家庭教育最注重一句話 "A place for everything, and everything in its place." 他一生得力不少。我也喜歡此語，試譯為白話："每件東西有一定地方，件件東西各歸原地方。" 此種教育最有用……」。

由此觀之，兩人一向談的非常投契。

四月十五日 「上面附貼的是陳寅恪兄在英國治眼的最後意見書。……我今天托Mrs. Hartman送到 Columbia的 Eye Institute，請Dr. McNie與同院專家協商……」

五月二日「……我幾天來為此事煩心，今天忙了一早晨，把諸事安排定了，正在高興。十二點半，我用漆筆大寫書箱上地址，寫到第四箱，忽然覺得心疼，忙放下筆、躺下來。

幸有Mrs. Hartman在側。他把我的脈，有110次，又不規則。他見我用Nitroglycerin三粒，皆不靈，他給我打了半針Pantopon。

心疼約有十三、四分鐘，是1938以來最長的疼痛，打針後，疼也止了。下午醫生來時，脈已如常（76～80），血壓也如常（110／75）。大概無危險了。」

按胡適因準備回國而累倒，幸好哈德曼太太在旁而得癒。也可見她經常在胡適住處照顧他，的確是如胡適1944年所説：「辛苦的讓我舒適」。

六月五日「……一點五十分離開104E 81 St（5fl）。Florence

Smith借車來送我，她與Mrs. Virginia Hartman送我上船……船上有許多朋友候我告別。Virginia與Florence最後別去。……」

六月十二日「早六點，船開行了……今日收一電Virginia Hartman ，V. D. H.又轉一包信來。V.剪報中，見六月六日魏道明大使向President Truman辭行……」。

按這包信中有王重民夫婦六月六日自華盛頓所寄的信，胡適的覆函曾云：「你們六月六日的信，Mrs. Hartman轉到了巴拿馬……」

六月十三日「在到Cristobal之前寫的信（十一日發）：1.孟治…9.趙元任夫婦，…20.Bruce & Florence Smith，……23.Virginia Hartman ……」。

六月十四日「在Cristobal發的短電……1.郭復初，2.紐約領館張平群，3.金山領館張紫常（涂公使發），4.Vivience Hornback，5.Florence Smith，6.K.C.and T.K. Li，7.V.D.H.，

胡適1946年6月5日的日記

8.Y.R.Chao。」

　　這裡簡單說明一下：胡適所乘的船六月十一日到巴拿馬運河區Cristobal，停一天。當時我國駐巴拿馬公使為北大英文系畢業的涂允檀。他在船上共寫了24封信到Cristobal時寄發。又在Cristobal發了八封短電，其中只有三位收件人是重複的，包括他的摯友Bruce Smith之妻，趙元任，還有就是V．D．H．。可見他與哈德曼太太關係之密切。但可怪的是日記中並無六月十二日寫信給韋蓮司女士之記錄。

　　胡適返國後仍與哈德曼太太有聯繫。

1947年日記：

　　二月十五日　（在北平）「Letter to V.D.H.……」。

　　一九四八年似中斷，但一九四九年再度赴美住紐約後，又有以下關於哈德曼太太的記載：

1949年日記：

　　十一月三日　「11：Dr.Fournier with V.D.H.」

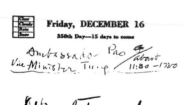

胡適1949年12月16日的日記

十二月十六日「劉鍇大使邀在林芳吃晚飯，給我做生日，在座有于謙六，唐瑛（容太太）、游建文夫婦、Mr.and Mrs.Smith,Mr.and Mrs.Riegelman，Virginia D.Hartman，Ethel Chen。菜很好，我帶了三瓶酒去，大家都很高興。」

1949年12月17日慶生會中外友人合影

十二月十七日「我五十八歲生日，于謙六邀吃午飯，下午有些朋友來祝壽，共十八人。V. D. H.昨天問我，今天約有多少人，我說"二十人以下"……」。

按是年十一月二日下午胡適感覺心臟不適，次日由哈德曼太太陪同就醫。胡頌平編《胡適之先生年譜長編初稿》第六冊中，有一段陳之邁先生的回憶：

胡先生在三十八年十月底十一月初，兩次心臟劇痛，唯仍不斷與友人商討時事：（一）征兵事，必求公平合理。（二）總統復職問題，最為關心。

原注：當時醫生要胡先生節食，減體重，常常只吃幾片Meiba toast（乾麵包片）了事，甚以為苦。胡先生有一

位美國好看護名Mrs. Hartman，經常照料，執行醫生命令，雷厲風行。去探望胡先生的客人常被他趕走。但胡先生這段休養時間對他是大有好處的。

故知兩人不但又恢復來往，哈德曼太太也繼續照顧胡適的健康。更值得注意的是周質平先生從韋蓮司女士的書信中，找到一封哈德曼太太的信，據周先先報導其內容為：

「哈德曼擔心紐約太熱，胡適住著不舒服，想在公寓裡裝套空調，但較好的一套設備需款五百美元，這筆款子，非她能力所能負擔，哈德曼在信中說：『像你這樣一位關心他（胡適）的老朋友，一定願意看到他的住所舒適。你知道，我對目前所作的安排（指胡適住在東81街104號一事）滿意極了。我們的鄰居說我就像一隻只有一個小雞的母雞。』最後這句話意指哈特曼全心全意的只照顧一個人。後來因為胡適預測八月八、九日以後「秋分」已到，天氣不會過熱，哈德曼在信裡寄還了韋蓮司分擔買空調的支票。這雖不是一件大事，但事可以看出韋蓮司和哈德曼對胡適真是關懷備至。」

筆者推測，韋蓮司女士與哈德曼太太之間是有默契的，甚至可能韋蓮司女士囑託哈德曼太太照料胡適的生活與健康。這信的內容與胡適以前的日記顯示這兩位異國異性知交確對胡適「關懷備至」。

1950年日記：

一月三日「V.D.H.有脊骨病，今天去驗看，須住院……」

一月二十三日「V.D.H今日出醫院……」

十二月十七日「今天是我的五十九歲生日，昨天是冬秀的六十歲（舊曆）生日，今晚于謙六與劉鍇兩兄請我們夫婦在"頂好"酒

家吃壽酒，到的客人除上面簽名的許多朋之外還有……十分熱鬧，朋友盛意可感，適之」

按，是頁日記共二十五人簽名，包括了Virginia Davis Hartman。

1951年日記：

九月十二日「我給V.D.H.看一篇短文字，他指出其中有perseverant一字是字典裡沒有的。我不信，試檢Webster's Collegiate Dict與新出的The American Dict都只有perseverance而沒有perseverant！今夜又試檢New Collegiate Dict，也沒有。（商務的《英漢綜合字典》有perseverant字）。前些時V.D.H.聽廣播有人用fulsome字作褒詞，他寫信去指出此字總是貶詞。其人回信謝罪。」

由此可見，如前引傅安明先生的描述，哈德曼太太果是一位「有修養」的人。英文程度如此高，無怪乎能成為胡適的異性知交。然可能因江冬秀夫人已到美國，而胡適又常往各地訪問和講學，故此後與哈德曼太太來往不多。或因沒有特殊事務值得記載，以後一連四年日記中皆不見其名。

1956年日記：

四月十一日「我近三四年來，每走到一里路，就覺得右腳肚（calf）酸痛，必須停住休息，然後前進。今年我托V.D.H.去問Dr. Stinchfield（骨科），他要我去看Dr.Ferdinand F.McAllister，今天我去看Dr.F.F.McA，他觀察我左右兩腳很仔細。…

他說：他初聽V.D.H.敘說我的病情，他以為我的右腳的情形必很壞……」。

五月十八日

Monday, March 11, 1957
70th day — 295 days follow

一點一点出医院。Virginia Hartman同我他家。
在医院共住了廿二天。上午
建之，又查来接我他家。

胡適1957年3月11日的日記，
此後日記中不見哈德曼太太

全頁為一位名為Janet的修女給哈德曼太太（Janet to V. D.）之一短信。內容是「How is Dr. Hu Shih? Do you remember that Chinese embroidery in a frame which he gave you for me……So renew my appreciation to Dr. Hu Shih, Will you ?」

1957年日記：

三月十一日「下午一點出醫院。Virginia Davis Hartman同我回家。在醫院共住了廿二天……」

胡先生1957年初因胃潰瘍住院，仍由哈德曼太太照顧。三月十一日由哈德曼太太送他回家後，於三月二十四日曾寫一信給韋蓮司女士，說明病況（《不思量 自難忘》265頁）：

「……

我一共輸了9次血。許多血一定是你志願幫忙捐血的血庫來的。

有兩位護士給我最佳的服務。一位是從哥倫比亞醫學中心來的哈德曼夫人（Mrs. Hartman），另一位是從康奈爾醫學中心的康妮小姐（Miss Corny）。我3月11日出院以後，哈德曼夫人又陪了我一星期。我現在正在

瘁癒中。

……」

這封信裡，胡先生似乎忘記韋蓮司女士是知道哈德曼太太的。從此信內容與胡適以前的日記顯示這兩位異國異性知交的確對胡先生都是「關懷備至」。但此後日記裡也不再見到關於哈德曼太太的記載，返台就任中央研究院院長前因肺炎住院，也未提及哈德曼太太。至於能否自其他文獻獲得有關胡適的這位異國異性知交之消息，則待有心人的努力了。

1938年至1946年胡適獨自在美國長住達九年，雖有新結識的異性知交如哈德曼太太，但他當時心中最重要的應該還是「冬秀」。1940年八月十日正逢七夕，他在日記中寫下：「今天是舊曆七夕，寫信與冬秀，我們分別了三年多了。」信的內容是：

冬秀：

今天是七月七日，我在園子裡看著天上的星，看著那半圓的月亮，當然想念著你。

這幾天的上海消息很不好，所以我常常想著你們母子二人，祝你們平安。

……

抗日戰爭開始後，胡適旅美期間與江冬秀有多封來往書信，1939年十月十二日的一封頗有趣，部分內容如下：

冬秀：

九月二日的信收到了。

我看了這信，忍不住要笑。我很盼望你不要亂想亂猜。你這信

上說：「我想，你近來一定有個人，同你商量辦事的人，天上下來的人。我是高興到萬分，祝你兩位長生不老，百百歲。」冬秀，你這話全猜錯了。我在這裡，身邊沒有一個人，更沒有女人。去年我留下一位應太太帶著她的兒子女兒住在我館裡，好幫我管家。今年五月底，應太太的另一個女兒生了外孫，她要去幫忙，所以到了七月，應家一家三個人全搬出去了。現在我館裡只剩下了一個我，一個參事陳長樂，一個游秘書，和他今年五月新婚的太太。這個游太太是漢口張履鰲先生的女兒，年紀雖輕，曾跟著他的父母到過南美洲的智利國，頗可算是少年老成。現在她替我們管家。這一對新婚夫婦，肯犧牲他們的便利，替我管家，我很放心。

我是孤零零的一個人，每晚上總是我一個人最晚一個去睡。自從去冬病後，每晚睡覺之前，總喝一杯熱的俄勿廷（Ovaltine），再吃一粒安眠藥。廚子是天津人，他每晚上放兩個熱水瓶在床前，一瓶是冰水，一瓶是熱的俄勿廷。今晚上家裡有十三個客人，客散時已十二點，人都去睡了，只有我還在這裡寫家信給妻子伸冤枉！到一點半才睡！

陳聘丞兄回去，我託他帶一只小盒子送你，這是印度特產，可以作首飾盒子。

……

似乎江冬秀聞到謠傳，以為胡適有了「新歡」，而胡適趕緊辯解。

胡適一生有許多異性的「貴人」相助，也有不少「情史」。但

自民國十二年和曹珮聲間的纏綿婚外情，因江冬秀誓死抗拒而有情人不得成為美眷後，他和其他異性間之交往，即使發於情，也都能止於禮，不復傷害他人。哈德曼太太應是他最後一位異國異性知交，也是於他極為有助的貴人吧。

【初載2005年元月六、七日《聯合報》「聯合副刊」。2006年六月增訂】

第十一章

「胡適檔案」中的哈德曼太太

——另位深愛胡適的異國佳人

筆者前在今年元月6-7日「聯合副刊」發表：〈胡適日記中的另位異國異性知交〉，舉證胡先生於駐美大使任內曾與其治療心臟病時的專職護士哈德曼太太有密切之來往，並持續到1957年初因胃潰瘍住院，仍由她照顧。但由於《胡適日記》中1952-1955年全無哈德曼太太的記載，而說：「然可能因江冬秀夫人已到美國，而胡適又常往各地訪問和講學，故此後與哈德曼太太來往不多。或因沒有特殊事務值得記載，以後一連四年日記中皆不見其名。」1957年之後也因日記中沒有隻字言及哈德曼太太，以為兩人未再來往。然此因只讀過《胡適日記》和他一些友人之文而不了解實情所致。

近又在中央研究院近代史研究所胡適紀念館已公開的「胡適檔案」中看到一些有關哈德曼太太的文件。包括1939年初鄧肯先生致韋蓮司女士報告胡先生病況的信，哈德曼太太1939、1949及某年致韋蓮司女士的信，

My dear Miss Williams —

Thank you for your note of yesterday.
Hastening to give you better indications than
a letter in Dr du Shih's own hand writing—
the news of his departure for Washington on
February will be still more heartening.
Your flowers and communications always
elicit an exclamation "My dear and old friend!"
So I feel you will be disappointed in not having

a visit with him when you come to New York.
At an opportune time I shall tell him
of your proposed visit.
    With the closing of this letter the opportune
time came—and Dr Hu Shih wishes me to say at
yesterday on his first outing—he drove to 98
Haven for sentimental (my own adjective) reasons
and that shortly he will write you about it, and
the flowers et al.
            Yours very truly,
            Virginia Davis Hartman.
Sunday February Twelfth. 1939

1939年哈德曼太太致韋蓮司女士之函

MRS. LOUIE JOHN HARTMAN
104 EAST 61ST STREET
NEW YORK CITY 88

8·15·49

My dear Miss Williams:
    This letter I know will give you
as much displeasure as the enjoyment
your visit and delightful letter gave
me. I know what a pleasure it is to
have any part in Dr Hu Shih's comfort
and pleasure, and that is precisely the
reason I have hesitated to turn it back
to you. I abandoned the idea of an air
conditioner when the figure was put
at $500 for an absolutely satisfactory
unit. The figure was beyond me and
immediately after you left there was
reason to suppose that H.S. might
have to go to Washington to remain
available for consultation. In support
of his position about installation of

1949年哈德曼太太致韋蓮司女士之函

1949與1950年哈德曼太太代胡先生辦事的幾封往來信件，以及二十幾封她寫給胡先生的信與剪報。才知這位太太不只是胡先生的異性知交，還對胡先生表現了深厚的愛情。

和「丫頭」團圓

1958年初胡先生返台就任中央研究院院長，六月赴美十一月初回台。翌年七月三日又赴美參加「東西方哲學討論會」，在檀香山發表了「中國哲學裡的科學精神與方法」（有徐高阮的譯文），並接受夏威夷大學榮譽博士學位。八月初赴紐約等地，十月才回台灣。他離台北前將行程通知了包括哈德曼太太在內的中美友人，以下是哈德曼太太的回信：

團圓（Tu'an Yuan）

六月廿七日

一個星期後，我的愛人（my Darling）將靠近我一千多哩了！

是否我表現了奇妙的自制而未又寄一封信到台灣給你？

關於你的健康，你雖在信中不提也瞞不了我，因從語氣我就知道並不好。我也想起你長的粉瘤，你曾有排泄困難，雖然二者病源稍不同，但成因相似。氣候和日常工作的改變可能有益於你，雖然你無論在何處都讓自己很忙。

我的生活平淡無奇，但六月二十日珍妮（Janet）回家了一天（每年一度）。我們曾在莎莉（Sally）處有一次家族聚會，珍妮和我都還沒看見過那個新生的女嬰。達比（Darby）從佛羅里達上來（由此去歐洲），我們共有十一人，包括那位曾是珍妮陪護者的女修士，她很高興。他們大約上午十點到（我在一天前去Red Bank），下午三點半離去，我們的聚會非常美好，珍妮總是深情地向你問好。

這只是簡要的告訴你，我因最佳的藥（Best Medicine）就要到家了而多麼高興。

我親愛的人務必保重。

　　　始終愛你的蕊蕾（Rily）。

哈德曼太太隨後於七月二十日又寫

1959年6月27日哈德曼太太寄到南港給胡適的信。有英文拼音「團圓」兩字

1959年7月20日哈德曼太太寄到夏威夷
給胡適信的信封

一信請夏威夷大學的Charles K. Moore教授轉給胡先生，信的內容是：

我的愛人：

你那封令人舒適的信在瑪格麗特紐康布（Margaret Newcomb）打電話請我去她和瑪麗在洛德島的普羅維頓斯（Providence)與波士頓之間的沙可村居處之前來到。她休假兩週（新職，訪問心理護士，故有短暫假期）。

今晚我將回電接受她的邀請去住一週。我已受夠無聊單調的工作日子，將感謝不用起床和就寢在同一環境（超過三百六十五天）。外科醫生給我的新藥有效。我也以改換環境而受到鼓舞。上週我（好眼睛）的眼瞼動了一個小手術。今天去看麥金雷醫師，他很高興我將要去渡假。我未能早回你的信，因我那隻可以看的眼擦了藥。現已拆線，一切無恙。

推測新婚夫婦已安排他們的假期而不在104號，這讓我高興。我也高興你的小孫子將獲專科醫師之建議進行校正。雖我將不歸咎於隱藏的動

機，延期了那麼久的來美國之旅是有好藉口的。

我將在你離開檀香山前回到紐約，熱切期待聽到我的最愛不久後從遙遠處打來的電話。

向T.C.表示我的愛，希望能收到他的信。

始終愛你的丫頭（Yatou）

此函上方附註：「我每星期四、五、六下午3:30-9:30上班」。應是表示不要在那時打電話給她。

哈德曼太太給胡先生寫信時通常署名「蕊蕾（Rily）」。用中文拼音的「丫頭（Yatou）」應是胡先生對她的暱稱。「Tu'an Yuan（團圓）」兩字可能也是胡先生對她說的。自稱「丫頭（Yatou）」的信在「胡適檔案」中還有一封，是1953年七月胡適夫婦在綺色佳的高原路322號韋蓮司女士家中居住時，哈德曼太太自紐約市寫給胡適的。

寄到綺色佳的示愛信

1953年夏天，胡適夫婦離開紐約市東81街104號，去綺色佳韋蓮司女士家中共住了二十七天。哈德曼太太除為胡適轉寄信件外，還寫下至少十四篇短信，分兩次寄給胡適。大約她知道胡太太不識英文，韋蓮司女士也會尊重他人隱私，所以有些示愛的信相當露骨。她用的稱呼包括：我的愛人（My Darling），我所愛的(My Beloved)，最親愛的(Dearest)，我最珍愛的(My most Precious)，我一個人最親愛的(My own Dearest)，愛人（Darling），最親愛的孩子(Dearest Baby)，我所愛的孩子（My Darling Baby）和我珍愛的寵物(My precious Pet)等。

例如哈德曼太太於第四篇信（寫於某星期四晚11時）末即說：「好

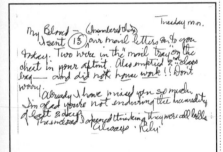

1953年7月胡適夫婦往綺色佳訪韋蓮司女士，
哈德曼太太每日給胡適一信。（上）信封（下）
一封信的內容

想你。你決不知道我愛你多深及多想
回到美好的往日。」第五篇（寫於星
期五晚）是收到胡適的信後所寫：

「我一個人最親愛的：

你從綺色佳隔夜（下午四時30分郵
戳）寄來令人喜愛的信到達了，讓我
的今天自午前大約九時就有個幸福的
開始。

我高興知道你那裡涼爽、舒適，
及你能輕鬆地與老朋友閒聊。希望是
你真正的假期。

當然你知道那一句話如一杯香檳
酒中的泡泡似的進入我頭中。使那情
書成為最珍貴的。」

第六篇信（寫於星期六晚）尾甚至
說：

「我極為想念你－我所愛的終生
友人 蕊蕾

我又陷入戀愛了」

另於七月二十日前的一個星
期三中午，哈德門太太自稱「丫頭
（Yatou）」寫了給「最親愛的孩子」
一信，最後寫道：

「我愛你的信，我真愛你（I did love your letter, I do love you.）

丫頭（Ya-tou）」

這應是收到胡適的回信後所寫，可能在那封信裡胡先生用了「丫頭」之暱稱。

大西洋城的思念

1955年十一月哈德曼太太似是因病去大西洋城休養。「胡適檔案」有從星期一到星期六連續六封來自大西洋城的信，共置十一月十二日寄往紐約市之一信封中。各信的稱呼都是「蕊蕾（Rily）」寫給「最親愛的（My Dearest）」，也都充滿思念之情。其第一信是星期一晚上七點十分寫的，全文是：

最親愛的：

只想說我已到了，還有個可愛的房間（我相信可以看見海）和浴室。

但最要對你說的是，沒有我的愛人，對我而言沒有任何事是圓滿的。你真需要這樣的環境，就如我一般。

哈德曼太太寄到綺色佳的另一封信，自稱「丫頭」

哈德曼太太在大西洋城休養時每日給
胡適一信。(上)信封(下)一封信的內容

　　抱歉我失去自我管制；就在一週
前我不曾想過以後能再見到你，過去
一年我有那麼多病痛和苦惱。

　　現我完全相信他們有助於我，因
而將痊癒。

　　要進晚餐和聞到海的氣息，然
後就寢。缺了我的暖爐，好傷心啊
（Without My Stove, woe is me）！

　　氣溫相當柔和，但我最要的是圍
繞我的舒適臂膀。

　　請別擔心。

　　　　　　　　　永遠的
　　　　　　　　　蕊蕾

　　其他各信內容差不多都是敘述一天
生活，及對胡先生的想念。那個星期五
晚上她和胡先生通了電話，而在信末加
了一句：「我剛聽到世界上最愛的人
的聲音，我實在想你」。星期六所寫
的最後一信如下：

　　我最愛的：

　　昨晚聽到我愛的聲音，和知道下
星期一後將又能常聽到，真太美妙
了。

又是一個好天氣，覺得我恢復平衡了。

幸運地，我再查看下星期一離開的時間是三點四十五分，六點四十五分到達紐約，這比晚一班到達要好，我將在火車上用晚餐，到公寓後會打電話給你，然後我必須去買些早餐需要的食物。

我希望星期二約定去看醫生，星期三開始工作，而最盼望的是很快又能見到我最珍愛的。

保重，我愛。

蕊蕾

最後的兩年

「胡適檔案」裡有1960年元月到五月，哈德曼太太寄到南港的五封信，稱呼改為「我的朋友」（My dear Friend），發信人也多數的信一樣，只稱「蕊蕾（Rily）」或「永遠的（always）蕊蕾」。從信的內

1960年哈德曼太太寄到南港給胡適的郵簡，左下方為胡適的筆跡

容來看，除元月四日的信仍顯出極度熱情外，各信多只是關心胡先生的身體，盼望多休息及增加體重，台灣是否很冷等，其餘則為敘述她個人生活。在這封信中開始時她說

「收到來信如釋重負，你那吸引人的祝賀在傳送時花了很長時間，我想是因美國遭遇全國的風災所致。我很高興看到你的照片，你看起來瘦了但如往昔一般親愛，我此刻真想能吻銀髮的頭頂！

你十一月二十日所寫的上封信中，告訴我了你的健康情形，但這封信中你是否謹慎地避開了這個題目？你的上衣內有毛背心，你的住處連續幾小時都夠暖嗎？為了你的血液循環好，你每小時都應起來走走……」

其後又說：

「你知道我又重新開始停了很久的為盲人唸讀的工作嗎？這件志願的義工使我比以往更愉快。

耶誕節前曾想為我珍愛的朋友買一件有條紋的襯衫，但忘了你的領口尺寸，而現也可能因體重減輕變小了，請告訴我是多少。」

胡先生和哈德曼太太間頗多來往通信，而且常相隔不久。對上述元月四日的信，元月十五、十六日即有回信；元月十四日的信則在二月二十六日有回信，而胡先生二月十一日又寫了一封。哈德曼太太二月二十三日的信，三月三日回函，五月十七日的信二十五日收到，二十九日即有回函。這五封信中似只三月五日的一封未回。五月十七日她的信裡寫道：「知你曾工作五小時而未做不至讓血靜止於下肢的運動，使我焦慮。請記得如此特別簡單的預防醫療是多麼重要！」充滿了關懷，信中並附了從時代雜誌摘錄的一些報導之要點。

中央研究院近代史研究所胡適紀念館已公布之最後一批哈德曼太太的來信，是1960年底她所寄給胡先生的十九頁剪報。其中包括有關大陸之報導，英譯《金瓶梅》出版消息，瑞士的國際出版協會因雷震下獄而否決中華民國入會之新聞（美聯社十二月十日電）等。還有兩幅漫畫，其一畫的是護士兩手各持一本書，旁邊站的醫生對病床上的病人說：「不，不可都要，我只允許你要這或那。」哈德曼太太在空白處寫：「若不遵照醫生的指示，這可能就是你。」另一幅則畫着穴洞裡的兩隻熊，一隻坐着看書，另一隻趴在旁邊說：「希望你別像去年一樣，整個冬天都坐着讀書。」哈德曼太太並於畫中寫道：「胡適博士 新年快樂 蕊蕾」。

1961年二月二十六日胡先生因心臟衰弱住入臺大醫院，到四月二十二日才出院。三月五日他分別指示祕書給韋蓮司女士及哈德曼太太各寄了三份台北的英文報所刊有關他病情消息之剪報，唯便條紙上的日期誤寫成三月二十六、

1960年底哈德曼太太寄到南港給胡適的剪報。（上）美聯社12月10日新聞（中）漫畫（下）漫畫

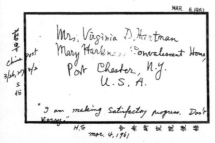

1961年3月4日胡適寫給哈德曼太太
便條的原跡

二十七和四月二日。四月二十三日胡先生曾有一函給韋蓮司女士,可能在此日附近也有一封寫給哈德曼太太,但未見紀錄。胡適紀念館另外還有二十封左右哈德曼太太給胡先生的信,目前仍在整理中而未公開。最後一封寫於一九六一年十二月十二日,應是祝福生日的信。

胡先生逝世後,韋蓮司女士曾向胡先生的親友搜集他的信件,都寄給「胡適紀念館」保存,但其中並無哈德曼太太提供的。「胡適檔案」有一封哈德曼太太給韋蓮司女士的信,沒有日期,內容非常雜亂難懂(編號HS-NK02-001-031),有可能即是有關此事的聯繫信函。

餘話

多年來胡適之先生的感情故事曾引起許多人的興趣。特別是他自早年留學時就開始,和美籍摯友韋蓮司女士近五十年(1914-1962)的「深情」,一直是許多人關心的故事。近年之專著如周質平1998年所著《胡適與韋蓮司》

和1999年所著《不思量 自難忘》（均為台北聯經出版公司出版）。約三十年前唐德剛的《胡適雜憶》（傳記文學出版社出版），及去（2004）年白振奎的《胡適人格》（河南人民出版社出版）中也都言及韋蓮司女士。但直到2004年五月以前，除傅安明和周質平兩位曾略述哈德曼太太這位「護士」如何「照顧」胡先生外（亦見前引2005年元月6-7日「聯合副刊」之拙作），似未見有人提過別位異邦女士與他之情事。

去年五月三日和四日的〈聯合副刊〉有余英時的一篇「赫貞江上之相思」，指出從胡先生的日記可知1938至1940年間，曾與一位美籍羅維茲女士間有段「不為人知」的情緣。十月五日和六日又補充了一篇「Lowitz向胡適示愛」，主要乃用她一封以「小孩子」為名打給暱稱胡適「老頭子」的電報，加強其論證。同年六月二日〈人間副刊〉也有傅建中之「胡適和R. L,的一段情緣」，支持余先生的「大膽假設」。今年三月十四至廿一日周質平與陳毓賢又有篇「多少貞江舊事」載於〈聯合副刊〉，從來往函電確認了胡先生與羅維茲女士間的關係。並認為：「這段情緣……只是他海外忙碌寂寞生活中的一些點綴、抒解和調劑。」然就筆者經眼的資料看來，胡先生與哈德曼太太間的關係卻不一樣。

由前述拙文中所引日記資料可知胡先生在大使任內與哈德曼太太的來往實比與羅維茲女士更密切。例如1939年六月七日在紐約，雖然是羅維茲女士開車送胡先生到C. V. Starr的家中，和胡禧晚餐後談到子夜上火車前的卻是哈德曼太太，且兩人還「談Robby事」。而且不僅如傅安明先生所謂：「這三年多期間，哈德曼夫人對胡先生的寂

窝生活的調劑，是很有幫助的。」卸任大使後兩人來往仍很密切。胡適返國三年裡與韋蓮司女士或羅維茲女士並無魚雁往返，但至少曾給哈德曼太太一信。蓋1947年二月十五日的日記有：「Letter to V. D. H.…」云云。而1949年胡先生再次到美後，六月七日拜會杜威後即有「Dinner with V.」的記載，可見兩人的關係並不只是「一些點綴、抒解和調劑」而已。

據傅安明先生所述，哈德曼太太比胡先生年輕十多歲，但未提及其家庭狀況。筆者自所見的資料推測，她很可能是位無子女的寡婦，或與夫分居者。不僅於胡先生臥病時負責照料，有時也幫忙一些秘書事務。平日她很關心胡先生的健康，直到最後聯繫時仍不忘叮嚀。由「胡適日記」與本篇從「胡適檔案」引述的資料，知兩人關係一直相當親密，交往通訊亦頗頻繁，即使胡太太在紐約時也不例外。可是接近胡先生的人，包括在紐約的唐德剛先生和南港的胡頌平先生都沒提過哈德曼太太。是真不知，還是為賢者諱？實情如何，或有待深入了解。

另從周質平先生最近之文中所引韋蓮司和羅維茲兩位女士1965年的來往信函中而知，至少韋蓮司女士完全不知有位羅維茲女士存在一事。這與哈德曼太太完全不同，顯然在胡先生的心目中，羅維茲女士和與他有「深情五十年」的韋蓮司女士乃屬不同層次的異性友人，但哈德曼太太卻不然。1949年她與韋蓮司女士共欲出資為胡先生裝置冷氣，1961年胡先生同時寄剪報給兩人說明病情。似可說明了在胡先生心目中兩人是約略相等的。再者，據上述傅建中先生之大作，胡先生長媳曾淑昭女士「和公公關係極好，知道老太爺的秘辛不少，但

據告從未聽說Robbie其人。她曉得胡適有一位猶太女友，但不是R.
L.」。亦可見胡先生不以羅維茲女士與他有特殊之關係。至於曾女士
說的這位「猶太女友」，應該就是「蕊蕾」－－哈德曼太太吧。

　　（衷心感謝中央研究院楊翠華博士和胡適紀念館柯月足女士指示
與同意供給撰寫本文所需的檔案資料，以及近史所檔案室許惠文、柯
玫如兩位小姐之協助影印。）

【初載《歷史月刊》210期，2005年，頁83-88。2006年七月增訂】

幽默大師林語堂先生也是一位紅學家，在台灣發表過好幾篇有關論著。如民國47年的〈平心論高鶚〉裡，提出了與當時一般人不同的看法，認為《紅樓夢》全書一百二十回乃曹雪芹一人完成，後四十回只經高鶚修補而非續作。各紅學論著見《無所不談》（合集）下冊，頁393-542（台北：臺灣開明書店，1974年）

林先生還將《紅樓夢》翻譯成英文，但少人知曉。其女公子林太乙所著《林語堂傳》（臺北：聯經出版事業公司，1989年）內的〈林語堂中英文著作及翻譯作品總目〉中並未列入。秦賢次編其百年紀念文集《回顧林語堂》（臺北：正中書局，1994年）頁260-281的〈林語堂先生年表〉，亦缺英譯《紅樓夢》一項。筆者經眼的一些有關《紅樓夢》譯文資料，僅「漢學研究中心」所編《中國文學著述外文譯作書目（初稿），1990年》「分類冊」頁217及「語文冊」頁78曾予收

林語堂在書房中

日譯本紅樓夢封面

入。大陸出版之相關書籍，如宋柏年主編《中國古典文學在國外》（北京：北京語言學院出版社，1994年）；劉士聰主編《紅樓譯評》（天津：南開大學出版社，2004年）和范聖宇著《紅樓夢管窺——英譯、語言與文化》（北京：中國社會科學出版社，2004年）均付闕如。最近有所謂「跨文化溝通個案研究叢書」，其中王兆勝著《林語堂　兩腳踏中西文化》（北京：文津出版社，2005年），也無記載。

實際上，林語堂在1954年二月在紐約已譯成《紅樓夢》的英文本，1973年十一月在香港定稿。1984年有日文譯本，是東京「六興出版社」所出版，共四冊。1992年，東京「第三書館」又再印行，稱《紅樓夢全一冊》，可見頗受日本讀者的歡迎。第三書館稱之為「中國近世小說之金字塔」，「曹雪芹作，林語堂編，佐藤亮一譯。」譯者佐藤亮一曾將林先生的多種英文著作，如《京華煙雲》、《杜十娘》、《朱門》等譯成日文。這本《紅樓夢》是1983年日譯

日譯本紅樓夢目錄第一頁

完成的。因國人知道的不多，現據日文譯本加以介紹。

　　林語堂先生的這一英譯《紅樓夢》乃節譯本，係據百二十回本的故事情節分為四部分。全書有六十六章，包括「楔子」（序章）、「尾聲」（終章）及六十四章故事，其中有超過三分之一的篇幅，二十七章是寫後四十回，和一般節譯本注重前八十回故事不同。林先生一向認為一百二十回是一個整體的故事，「結局」尤其重要。但譯本的順序並不同於原作，其內容大致如下：

第一部分，包括「序章」及一至十七章，寫小説前三十二回故事。

　　序　　章：第一回「甄士隱夢幻識通靈」部分故事

　　第　一　章：第二回「冷子興演説榮國府」部分故事

　　第　二　章：第三回回目故事。

　　第　三　章：第四回回目故事。

第 四 章：第八回回目故事。

第 五 章：第六回「賈寶玉初試雲雨情」及第九回「訓劣子李貴承申飭」部分故事。

第 六 章：十六回「賈元春才選鳳藻宮」及十七回「大觀園試才題對額」部分故事。

第 七 章：十九回「情切切良宵花解語」部分故事。

第 八 章：二十回「王熙鳳正言彈妒意」及二十一回「賢襲人嬌嗔箴寶玉」部分故事。

第 九 章：十八回回目故事。

第 十 章：二十一回「俏平兒軟語救賈璉」部分故事。

第十一章：二十二回「聽曲文寶玉悟禪機」部分故事。

第十二章：二十三回前半，眾人進大觀園及二十四回「癡女兒遺帕惹相思」部分故事。

林語堂誕生百年紀念郵票
LIN YUTANG'S 100TH BIRTHDAY COMMEMORATIVE ISSUE

紀247.1　5,700,000

林語堂百年紀念郵票

第十三章：二十六回「瀟湘館春困發幽情」及二十七回起始部分
　　　　　故事。

第十四章：二十七回「埋香塚飛燕泣殘紅」及二十八回的起始部
　　　　　分故事。

第十五章：二十七回中鳳姐用紅玉，二十八回「薛寶釵羞籠麝
　　　　　香串」，二十九回「多情女情重愈斟情」及三十回
　　　　　「寶釵借扇機帶雙敲」到金釧被攆的部分故事。

第十六章：三十一回「撕扇子作千金一笑」部分故事。

第十七章：二十二回回目故事。

第二部分包括十八章至三十四章，寫三十三回到七十二回的故事：

第十八章：三十三回回目故事。

第十九章：三十四回回目故事，但缺晴雯送帕，黛玉題詩部分。

第二十章：三十四回晴雯故事，黛玉題詩部分及三十五回回目故
　　　　　事。

第二十一章：三十六回王熙鳳與王夫人談論月例的部分故事。

第二十二章：三十八回回目及三十九回起始部分故事。三十九回
　　　　　　劉老老進大觀園到四十回「史太君兩宴大觀園」部
　　　　　　分故事。

第二十三章：三十九回劉老老進大觀園到四十回「史太君兩宴大
　　　　　　觀園」部分故事。

第二十四章：四十回「金鴛鴦三宣牙牌令」，四十一回及四十二
　　　　　　回劉老老離去的部分故事。

第二十五章：四十四回回目故事。

第二十六章：四十五回回目故事。

第二十七章：四十六回回目故事。

第二十八章：四十九回回目故事。

第二十九章：五十一回中段襲人回家及「胡庸醫亂用虎狼藥」，
五十二回「勇晴雯病補孔雀裘」部分故事。

第三十章：五十五回末，五十六回探春理家及五十七回回目故
事。

第三十一章：六十三回「死金丹獨艷埋親喪」及六十四回，
六十五回回目故事。

第三十二章：六十七回「聞秘事鳳姐訊家童」部分故事。

第三十三章：六十八回回目故事。

第三十四章：七十回中段賈政來信，七十一回及七十二回部分故
事穿插寫成。

第三部分包括三十五章到五十章，寫七十三至九十八回的故事：

第三十五章：七十三回寶玉裝病，七十一回「鴛鴦女無意遇鴛
鴦」及七十四回起始部分的故事。

第三十六章：七十四回回目故事。

第三十七章：七十七回「俏丫環抱屈夭風流」部分故事。

第三十八章：七十八回晴雯病死，七十五回賞中秋，七十六回回
目故事及七十八回寶釵出園部分。

第三十九章：八十七回回目故事。

第四十章：八十一回「奉嚴命兩番入家塾」，八十二回「老學究
講義警頑心」及八十九回「人亡物在公子填詞」部分
故事。

第四十一章：「病瀟湘癡魂驚惡夢」及八十三回起始部分故事。

第四十二章：八十四回「試文字寶玉始提親」及八十五回「賈存
周報升郎中任」部分故事。

第四十三章：八十六回「寄閒情淑女解琴書」及八十九回「蛇影
杯弓顰卿絕粒」部分故事。

第四十四章：九十回及九十一回「布疑陣寶玉妄談禪」部分故
事。

第四十五章：九十四回回目故事及九十五回尋玉部分故事。

第四十六章：九十五回回目故事。

第四十七章：九十六回「瞞消息鳳姐設奇謀」部分故事。

第四十八章：九十六回「洩機關顰兒迷本性」及九十七回「林黛
玉焚稿斷癡情」部分故事。

第四十九章：九十七回「薛寶釵出閨成大禮」部分故事。

第五十章：九十八回回目故事。

第四部分自五十一章至六十四章及「尾聲」，包括九十九回起最後
二十二回故事。

第五十一章：九十九回回目故事。

第五十二章：一百回「悲遠嫁寶玉感離情」，一百四回「癡公子
餘痛觸前情」及一百十三回「釋舊憾情婢感癡郎」

部分故事。

第五十三章：一百二回故事。

第五十四章：一百五回「錦衣軍查抄寧國府」部分故事。

第五十五章：一百六回及一百七回「散餘資賈母明大義」部分故事。

第五十六章：一百七回「復世職政老沐天恩」，一百八回及一百九回「候芳魂五兒承錯愛」部分故事。

第五十七章：一百九回賈母病重及「還孽債迎女返真元」部分及一百十回故事。

第五十八章：一百十一回及一百十二回「活冤孽妙姑遭大劫」部分故事。

第五十九章：一百十三回「懺宿冤鳳姐託村嫗」及一百十四回「王熙鳳歷幻返金陵」部分故事。

第六十章：一百十五回及一百十六回「得通靈幻境識仙緣」部分故事。

第六十一章：一百十六回「送慈柩故鄉全孝道」，一百十七回「阻超凡佳人雙護玉」及一百十八回「驚謎語妻妾諫癡人」部分故事。

第六十二章：一百十八回「記微嫌舅兄欺弱女」及該回結尾部分故事。

第六十三章：一百十九回「中鄉魁寶玉卻塵緣」部分故事。

第六十四章：一百十九回「沐皇恩賈家延世澤」及一百二十回賈府諸人結局部分故事。

「故事之尾聲」：一百二十回回目
故事。

按此節譯本不但將全書予以適當重
組以便讀者了解整個故事的內容及連貫
性，林先生並對原作稍加修正，使故事
合理化。如以林黛玉進賈府時十一歲，
賈寶玉初試雲雨情時襲人為十七歲等均
是。目前坊間有幾種節本《紅樓夢》，
但缺林先生這一本，乃一憾事。

筆者無緣得見林先生這本英譯《紅
樓夢》，然由此日譯本之註可讀到一些
詩句之英譯。茲列第一回之「緣起詩」
及末回寶玉與一僧一道所吟之歌，以饗
讀者。

满紙荒唐言　一把辛酸淚
都云作者痴　誰解其中味
A tale of babbling nonsense.
Sneer not at my tomfoolery.
They say the author is deeply
passionate.
Who would appreciate its buffoonery?
我所居兮青埂之峰
我所遊兮鴻蒙太空

わが郷は青埂の峯！
われは遊ぶ悠久の天地！
われと共に行くはたれぞ？
われは行かん、共に、
共に行かん、悠遠の世界に！

詩之日譯

175

誰與我遊兮　吾誰與從

渺渺茫茫兮　歸彼大荒

O Greenmead Peak my home.

Between the spheres I roam.

Who will come with me?

I'll go with him.

Together, Together into the Great Unknown!

【初載《國家圖書館館刊》85年第2期，頁143-146。2006年夏至增訂】

書評1

一代國學宗師的治學方法

——為悼念陳寅恪先生逝世三十年而作

《陳寅恪的治學方法》，王子丹著，臺北市新視野出版公司，民國88年3月出版

屹立於世上幾千年的華夏中國，自二十世紀開始漸漸從傳統走向現代，不僅是國家制度，國民生活、社會結構都有改變，也產生了新的學術。現代的新學術是要靠一些開風氣、做表率的宗師領導才能健成。二十世紀中國的新國學是由包括梁啟超、王國維、章太炎、胡適、陳寅恪等在內的多位大師所建立的。大師的著作久已傳世，但他們的治學方法卻不一定能讓後學晚輩了解。今（民國88）年，新視野出版公司陸續出版了幾冊「中國名人的治學方法」，《陳寅恪的治學方法》即是其中之一。

義寧陳寅恪先生（1890-1969）可稱是我國近代的曠世奇才。博聞彊識，除對中國文化具有深厚基礎外，曾留學日、德，法，美等國，前後16年，通曉中外古今文字十餘種，但未獲任何學位。37歲任清華國學研究院教

本書封面

陳寅恪聽黃萱（右）讀資料

授，38歲起發表學術論著，有專著7種，論文約百篇。57歲後失明但仍不輟講學、研究，其成就無可倫比。晚年不幸受共產黨紅衛兵迫害而逝，迄今三十年矣。近年來已有多種述其生平、史學、詩文等之專著問世。但拙見以為王子舟先生的這本《陳寅恪的治學方法》較適合有志從事文史研究的青年以及一般對於學者傳記有興趣的讀者閱讀。

本書共有十二章，連序言及附錄共計423頁。內容為：

一、「一代簡編名字重」：介紹陳先生的家世及其兄弟。

二、「去國衣裝入海輕」：介紹陳先生留學各國之經過。

三、「清華學院多英傑」：介紹陳先生自民國15年到清華執教至26年日寇侵華隨校西遷間的教學及家庭生活。並簡述了王國維先生逝世前後的情形。

四、「滄海橫流無處安」：敘述陳先生抗日戰爭期間流離香港及內地，戰後赴英國求醫及重返清華，直到民國37年底南下的經過。

五、「更應流恨到天涯」：報導陳先生最後20年在廣州之生活及受共產黨打壓和因紅衛兵迫害而逝世的經過。

六、「藏書世守事尤難」：簡介陳寅恪父子兩代藏書之蒐集與散失。

七、「讀書不肯為人忙」：概述陳先生讀書的範圍與方法。

八、「剖別派流施品藻」：簡介陳先生在佛經、蒙藏學、突厥學、西夏學、敦煌學、天師道、魏晉南北朝史、隋唐史等領域之學術造詣。特別指出其固通蒙、藏、西夏、突厥、巴利及梵文等多種文字，故獲與眾不同的成就。

九、「然脂暝寫費搜尋」：統計、分析陳先生發表學術著述所參考引用之文獻，並列出陳先生早年講授隋唐史時推薦給學生的書目。

十、「千秋讀史心難問」：介紹陳先生治學態度和方法，並舉「讀韋莊秦婦吟校箋」及「幾何原本滿文譯文跋」二文撰寫之原由及過程。

十一、「所南心史井中全」：以「讀書治學不能功用」，「文化本位論」，「獨立之精神，自由之思想」及「勁節正邪失」四節為標題，敘述陳先生的思想、個性與言行。

十二、「淚灑千秋紙上塵」：舉出陳先生重要著作完成的時期及出版經過與遭遇之困擾。

以上十二章之篇名取自陳先生的詩句。一至五章為其生平傳記，六至十一章為其讀書、治學方法，而末章記其著作之出版。另有附錄兩種，一種為陳先生「讀書著作繫年」，一為與研究陳先生有關的中文資料的分類索引，共專書56種，文章416篇。各章均有詳細註釋，少有18條（第九章），多則達77條（第十章），頗為完備。

本書文筆流暢，甚為可讀，而且持論公正、中立。遣詞用字均頗允當，論述有據、合理，如撰寫正規的學術論著一般，相當難得。惜因是大陸作者，原稿為簡體字，在臺灣出版改用正體時，有正簡不分或不識簡字之誤。前者如簡字「雲」「云」不分，而本書107頁之「國寶云亡」誤為「國寶雲亡」；後者如簡體字「滬」「濾」，「書」「韋」相似而「滬、蘇書賈」誤為「濾、蘇書賈」（117頁），「韋莊」誤為「書莊」（276頁）。這是在臺灣重印簡體字版書，及採用大陸來稿時常見之缺失，不知何以不能改善。

另有一種錯誤是大陸作者對外面情況不了解，如以「姚從吾」為「姚崇吾」（107頁），以楊聯陞為「臺灣學者」（244頁），以香港《大成》雜誌為「臺灣《大成》」（380頁）等例皆是。還有一種可能由於兩岸用辭意義不同，如341頁寫陳寅恪與吳宓兩位老友分別，竟用「勞燕分飛」！將使臺灣讀者不能習慣。至於一些錯誤，如188頁註24之「七十五頁」誤為「二七五頁」，309頁的「洪煨蓮」誤作「洪畏蓮」，未知是原稿筆誤，抑校對不精？

若從介紹陳先生治學方法的觀點而論，本書未能說明或強調以下幾點，是美中不足之處。

一、陳先生治學最講科學方法（周連寬先生之語），而其論述周詳但簡明，條理清晰，引證明確，拙見以為可能與陳先生留學德國時曾讀過微積分有關。

二、陳先生的學識，能力與成就，迄今無人能夠相匹，未來是否有此可能？

三、陳先生晚年失明後的研究是靠他人代找資料、代讀、代寫而

完成，其過程若能予以介紹，將極有參考的價值。

四、陳先生治學亦廣納建議，也偶有遺誤，比較《元白詩箋證稿》初版本及「校補記」可明。至於一代宗師的學術見解也有可補充，修正處。以唐史而言，陝西學者黃永年先生即曾有多篇論文涉及（參閱黃永年，《唐代史事考釋》臺北：聯經出版事業公司，1998年）。若加分析、介紹，則更有益於後學。

【原載《全國新書資訊月刊》民國88年八月號，頁5-6】

《重尋胡適歷程》

《重尋胡適歷程——胡適生平與思想再認識》，余英時著，聯經，2004年

余英時先生的新著《重尋胡適歷程——胡適生平與思想再認識》是聯經出版公司與中央研究院合編「院士叢書」的第一種。也是為了慶祝該公司成立三十週年而將出版的《胡適日記全集》的「熱身」品。全書296頁中稍多一半（1～155頁）是余先生的新作「從《日記》看胡適的一生」，其餘則是舊作的彙集，包括「論學談詩二十年——序《胡適楊聯陞往來書札》（頁157～170），「中國近代思想史上的胡適——《胡適之先生年譜長編初稿序》」（頁171～240），「《中國哲學史大綱》與史學革命」（241～253頁），「胡適與中國的民主運動」（頁255～263）及「文藝復興乎？啟蒙運動乎？——一個史學家對五四運動的反思」（頁265～296）。其中第二篇又曾以單行本在二十年前由聯經出版公司發售，而第三篇為該書之「附錄」。對於這

本書封面

些重印的舊文，除與「新作」密切相關
處外，筆者不擬再加介紹和評論。

第一部分「從《日記》看胡適的一
生」，在「短序」（1～2頁）後共分七
節：

一、留學時期（1910～1917）（頁3
　　～15）

二、「新文化運動」初期（頁1917
　　～1926）（15～20）

三、「大革命」時期（1926～1930）
　　（頁20～30）

四、侵略陰影下的新北大（1931～
　　1937）（頁30～53）

五、出使美國（1937～1946）（頁53
　　～92）

六、內戰時期（1946～1949）（頁92
　　～114）

七、落日餘暉（1949～1962）（頁
　　114～155）

由於近年來胡先生與他人來往書
信，及其個人日記大量問世，對於胡先
生的了解與認識已遠超過二十年前胡頌
平先生編《胡適之先生年譜長編初稿》

（以下簡稱《年譜長編》）之時。故余英時先生能比在《中國近代思想史上的胡適》那篇序言，更深入地討論胡先生與中國近代史進程間的關聯，同時也解決了一些有爭議性的問題，如胡先生的博士學位獲取經過等。另外，本書還澄清了一些因《年譜長編》有所節略而造成讀者之誤解，如民國46年朱家驊辭中研院代院長一事並非為請胡先生回來，而乃國民黨欲推張其昀出任以能控制中研院而逼他辭職。從各篇舊文，特別是上述之「序言」，和新作「從《日記》看胡適的一生」的確能達成本書副題所示——「胡適生平與思想再認識」之部分目標。

　　為什麼只說達成「部分」目標呢？茲提出拙見如下：

　　(一)胡適留學時期的特殊表現與其思想志業的成型，應與他留學前的經驗有關。目前他1906年就讀澄衷學堂的日記及1910年中國公學時的藏暉室日記均已問世，余先生卻隻字未提。但其中有嚴復、梁啟超對他的影響和廣泛閱讀自修打下基礎的紀錄。也記有王雲五鼓勵其翻譯小說增進學識，以及「藏暉室筆記」中對多種中國小說評議之「小說叢話」。尤宜注意的是「小說叢話」十四條內有八條係談《石頭記》，頗有深度，應與其日後從事紅樓夢考證之成就有關。

　　(二)胡先生在留美時期「求博不務精」讀了許多有關文化思想的中外書籍，余先生認為是一「**長期的精神準備**」也是「**後來倡導新文化運動的一個最重要的主觀憑藉**」（頁195）。其實，胡先生的博學、宏觀不僅使他能成為「新文化運動」的領導者，也奠立他領袖群倫四十年的基礎。余先生又未能指出胡先生不但是學貫中西，且能兼具中西論學方法的長處，知道如何駁倒他人，說服他人而成為「意見

領袖」。而且，胡先生的「博學」是累積而得，從他的「日記」可知他能不斷獲取過去不知的「新知」也常不恥下問，聽人建議。例如他原不知趙甌北的詩，而是看到蔡元培先生所題扇面才去閱讀。他開始研究《紅樓夢》的作者時也不知《雪橋詩話》的重要，據他晚年向胡頌平先生說是「南陽張嘉謀」告訴他後才找來看，而獲得許多重要資料的。胡適的成就，決不是他自謙「暴得大名」，而是其來有自。

（三）有關胡適的治學方法，也是他自己簡化了的「大膽的假設，小心的求證」十個字，多年來議論紛紛，迄今未息（見九十一年一月十八日《聯合報》）。其實，胡先生的「科學方法」實是如「我的歧路」——文所說的「細心搜求事實，大膽提出假設，再細心求實證」。過去幾乎所有評論此說者都沒注意「細心搜求事實」，也就是不斷找「新證據」的重要。例如1949年胡先生在上海等船去美國時，曾三度前往「合眾圖書館」查閱葉揆初收藏全謝山之《水經注》，翌年二月23日想起查閱之結果「忽然大悟」。又如他早在民國十八年左右就不相信李祖韓收藏所謂「曹雪芹小象」畫的真是曹雪芹，民國四十九年底曾撰「所謂『曹雪芹小象』的謎」一文說明不是曹雪芹。1956年之日記裡說他受邀到佛芒（Vermont）大學演講後，七月三十一日回程經波士頓時臨時決定去哈佛大學訪楊聯陞。而於八月一日「十點到Boylston Hall看書。事先沒準備，故僅看了錢載《蘀不齋詩文集》，查他題 "雪琴" or "雪芹" 行樂圖的詩，無所獲」。這都是胡先生「細心搜求事實」之例。

（四）在「出使美國」一節中，余先生以日記中「尚未充分使用過的新史料」來詮釋是正確的做法。但由於胡適日記只記大要，余先生

卻未以其他資料來輔助述說，以致對一些重要事件語焉不詳。例如
胡先生卸任駐美大使一事，余先生說：「其內幕頗為曲折，我不想
在此作深入探討。」但又說：「就整體判斷，這明明是『飛鳥盡，
良弓藏』的現代版。」（頁71-72）唯據胡適日記所述，實是宋子文
「奪權」之結果。按自1940年五月底即傳出政府擬請其任中央研究
院院長之消息，胡先生六月二日的日記則說：「以私人論，中研院長
當然是我國學者最大的尊榮；但為國事計，我實不想在此時拋了駐
美的使事。」宋子文以蔣委員長私人代表身份於六月二十六日到紐約
後，嫌胡先生向美國求援借款不力，又因兩人行事風格有異，乃運用
種種手段排擠胡先生。並要求更換大使，然由於外交部長郭泰祺之反
對而拖延甚久。此在史丹佛大學胡佛研究所之「宋子文檔案」中可以
得到證明。故直到1941年十二月宋子文獲任外交部長後，才以魏道明
接替胡先生。再者，余先生於此節中敘述胡先生對中日關係觀點之改
變時，竟忽略了胡先生自己的說法！1950年一月九日的日記有云：
「與Sir Norman Angell 同吃飯，在座有Mrs. Dwight Morrow。談的很
痛快。Angell 是今世一個最能思想的政論家，四十五年如一日，為
西方民主國家作先見的警告，老而不倦。我一生受他的影響很大。
我從"不抵抗"主義逐漸轉到用力量制裁強暴，是受了他和 John
Dewey的影響。」

　　(五)胡先生有一些值得後人景仰與學習的特點，只有從其日記中
才能看出，惜此書作者並未指出。其一是敬業精神。如胡先生旅美時
期講演準備過程中，反覆改稿，一再演練；寫文章也是經常連續多
日工作到深夜，甚至於查英文字典以確認某些字的意義和用法（例見

1940年五月六日所記）。無怪乎各方對他的演講或論文評價都很高。
1947年底任北大校長時，政府又有意徵召他再任駐美大使，十二月
十七日他有一信給王世杰，舉三點理由婉拒。據其日記，理由是(1)就
校長職務才一年半，尚無成績，不應離職。(2)年已五十七歲，不願就
此「永遠拋棄學術上的事業」。(3)對國內外形勢之了解已不夠。其中
第三點在日記中寫的是：「我1937-8出任外交事，確實有了點準備——
——五年編輯獨立評論、三次參加IPR會議，都是好訓練。但1942年
九月以後我用全力理舊業，五年不注意國內外形勢，實已是很『外
行』了；一時不容易恢復從前的自信力」。故知胡先生因敬業而不
願貿然接受自度已是「外行」的大使職務。余先生似不了解此點，卻
據內容與「日記」稍有出入的《年譜長編》中記載給王世杰函之全
文，臆測胡先生函中所言「在床上反復不能成眠」的原因「恐怕是此
議勾起了他許多不愉快的回憶吧」（本書頁110）。所謂「不愉快的回
憶」應是指六年前宋子文排擠胡先生使其去職一事（見上節）。然胡
先生是豁然大度的君子，不記前怨，1949年之後在美國數度與宋子文
相會仍維持友好關係，這也許是應讓很多人去了解胡先生的另一面。

　　(六)再者，胡先生「愛國」的情愫，屢在日記中出現，但論者向
少提及，余先生亦不例外。1950年代初期甚多因國共內戰而旅居歐
美的中國學人，覓一適當的工作不易，亦有抑鬱而終者，如朱經農即
是。但1952年牛津大學曾屬意胡先生為東方宗教與哲學之Spalding講
座，卻因英國與中華民國已無邦交而他決定放棄這一可以重理舊業的
大好機會。此事筆者曾於2002年九月號《歷史月刊》提出，但似亦未
引起注意。據其日記，牛津大學之著名漢學教授德效騫（H. H. Dubs）

於胡先生已決定不赴牛津後，還給他一信說明教授選舉會已延期舉行，提出三點理由。希望胡先生再予考慮。但胡先生得信後即回一電報，再度辭謝。可見其愛國意志之堅定。1956年雙十節前一天，胡先生即在十日的日記上寫下了：「我們愛我們的中華民國，我們紀念他四十五年的多災多難。他的災難多半是因為我們過去的努力不夠。他的拯救還得靠我們人人的苦幹。」

（七）胡先生日記中透露出他的許多真知灼見。例如1949年以後，不少人希望他出面領導第三勢力，均予拒絕。是他對世界局勢的認識較清楚，於美國政治亦然。1952年五月七日的日記說：「早上八點張君勱先生來吃早飯，談了一點半。他是為了"第三勢力"問題而來的。我對他說，此時只有共產國際的勢力與反共的勢力，絕無第三勢力的可能。香港的"第三勢力"只能在國務院的小鬼手裡討一把"小米"吃吃罷了。這種發小米的"小鬼"毫無力量，不能做什麼事，也不能影響政策！」果不其然為他言中。又如1960年雷震案之後，曾對李萬居、高玉樹、郭雨新等原來擬和雷震共組新政黨的人士說，「切不可使你的黨變成台灣人的黨，必須要和民、青兩黨合作，和無黨派的大陸同胞合作」，表示他早就看到在野者必須合作，也預見如以族群意識結成黨派，將造成更多的問題。

整體而言，本書甚有水準，雖有一些錯字和遺漏，但為數不多。如頁89倒7行「違蓮司」應作「韋蓮司」，頁82倒6行「從容流下灣」應作「從容流下紐約灣」，頁113倒6行「絨祖」應作「續祖」，倒5行「又有大綵信」之「大綵」應作「大絨」。唯最可議的是余先生將他在五月三日及四日「聯合副刊」所發表「赫貞江上之相思」

Thursday, January 16, 1958
16th day — 349 days follow

澄山 余協中來訪。他是用 Refugee 的法自美國回法的，現住 Cambridge。
他說起他的兒子余英時，說他的朋友都說他了不起的聰明，說他的前途未可限量。
我對他說，開當今為可的青年朋友發憤努力的當和志於無把的事情，我常說，凡在歷史上有學術上大貢獻的人，都是有天才的天才，加上高度的努力，如牛頓，如歌德，如愛因斯坦，如錢大昕，皆是好榜樣。單靠天才是不夠的。

胡適1958年1月16日的日記

一文的內容納入本書第五節。他認為胡先生1938年到美國之後曾與一位 Roberta Lowitz女士有「不為人知的一段情緣」，用了約十頁的篇幅述此「八卦」故事，實無助於了解胡適的生平與思想，且有損「院士叢書」之美名。按 Lowitz女士又稱Mrs. Grant，當時很可能是杜威的秘書並照顧其生活，與胡先生相差十三歲而與杜威相差四十五歲，1947年杜威88高齡時與其結婚。胡先生在美時不能忘懷的實仍是舊情人韋蓮司女士，1938年四月十九日在火車上「看赫貞江的山水，想起二十年前舊事」，六月五日乘汽車過跨江之橋時也說「Hudson江的風景很可愛，使我回想起二十多年前。」或者落花(Lowitz女士)有意，但筆者認為流水（胡先生）卻是無情。

余英時先生說：「我從來沒見過適之先生」（頁170），然其尊翁余協中先生似與胡先生為朋友。故於本文之最後，擬引胡先生對余協中先生所說的一段話，以增進讀者對胡先生的認識。

他1958年一月16日曾記：「潛山余協中來訪。他是用Refugee Act來美國居留的，現住Cambridge。他說起他的兒子余英時，說Harvard的朋友都說他了不得的聰明，說他的前途未可限量。我對協中說，我常常為我的青年朋友講那個烏龜和兔子賽跑的寓言。我常說，凡在歷史上有學術上大貢獻的人都是有兔子的天才，加上烏龜的功力。如朱子，如顧亭林，如戴東原，如錢大昕，皆是這樣。單靠天才，是不夠的。」唯不悉協中先生曾轉述此語否？

【原載《全國新書資訊月刊》民國93年十一月號，頁15-19】

《大師的零玉》感謝圖片提供者

1. 中央研究院：「胡適檔案」
2. 近代史研究所出版：《遠路不須愁日暮》
3. 遠流公司出版：《胡適的日記》
4. 三聯書店出版：《陳寅恪集》
5. 北京清華大學出版社：
   《載物集》與《北京大學圖書館藏胡適
   未刊書信日記》
6. 山東畫報出版社：《圖說義寧陳氏》
7. 嶺南美術出版社：《陳寅恪先生遺墨》
8. 漓江出版社：《我與胡適先生》等

謹致謝忱

國家圖書館出版品預行編目

大師的零玉：陳寅恪、胡適和林語堂的一些瑰寶遺珍 /
劉廣定著. -- 一版. -- 臺北市 ： 秀威資訊科技,
2006[民95]
　　　面；　公分. --（史地傳記；PC0007）

ISBN 978-986-6909-05-4（平裝）
1.陳寅恪 - 傳記 2.胡適 - 傳記 3. 林語堂 - 傳記
782.238　　　　　　　　　　　　　95019866

史地傳記　PC0007

大師的零玉－陳寅恪、胡適和林語堂的一些瑰寶遺珍

作　　者/劉廣定
主　　編/蔡登山
發 行 人/宋政坤
執行編輯/林世玲、周沛妤
圖文排版/李孟瑾
封面設計/莊芯媚
數位轉譯/徐真玉、沈裕閔
銷售發行/林怡君
法律顧問/毛國樑　律師
出版印製/秀威資訊科技股份有限公司
　　　　　台北市內湖區瑞光路583巷25號1樓
　　　　　電話：02-2657-9211　傳真：02-2657-9106
　　　　　E-mail：service@showwe.com.tw
經 銷 商/紅螞蟻圖書有限公司
　　　　　台北市內湖區舊宗路二段121巷28、32號4樓
　　　　　電話：02-2795-3656　傳真：02-2795-4100
　　　　　http://www.e-redant.com

2006 年 10 月　BOD 一版
2008 年 7 月　BOD 二版
定價：230元

讀 者 回 函 卡

感謝您購買本書，為提升服務品質，煩請填寫以下問卷，收到您的寶貴意見後，我們會仔細收藏記錄並回贈紀念品，謝謝！

1. 您購買的書名：_____

2. 您從何得知本書的消息？

　　□網路書店　□部落格　□資料庫搜尋　□書訊　□電子報　□書店

　　□平面媒體　□ 朋友推薦　□網站推薦 □其他_____

3. 您對本書的評價：(請填代號　1.非常滿意 2.滿意 3.尚可 4.再改進)

　　封面設計____　版面編排____　內容____　文/譯筆____　價格____

4. 讀完書後您覺得：

　　□很有收獲　□有收獲　□收獲不多　□沒收獲

5. 您會推薦本書給朋友嗎？

　　□會　□不會，為什麼？_____

6. 其他寶貴的意見：_____

_____

_____

_____

讀者基本資料

姓名：_____　年齡：_____　性別：□女 □男

聯絡電話：_____　E-mail：_____

地址：_____

學歷：□高中(含)以下　　□高中　　□專科學校　　□大學

　　　□研究所(含)以上 □其他____

職業：□製造業 □金融業 □資訊業 □軍警 □傳播業 □自由業

　　　□服務業 □公務員 □教職　□學生 □其他_____

（請沿線對摺寄回,謝謝!）

秀威與 BOD

BOD（Books On Demand）是數位出版的大趨勢，秀威資訊率先運用 POD 數位印刷設備來生產書籍，並提供作者全程數位出版服務，致使書籍產銷零庫存，知識傳承不絕版，目前已開闢以下書系：

一、BOD 學術著作—專業論述的閱讀延伸
二、BOD 個人著作—分享生命的心路歷程
三、BOD 旅遊著作—個人深度旅遊文學創作
四、BOD 大陸學者—大陸專業學者學術出版
五、POD 獨家經銷—數位產製的代發行書籍

BOD 秀威網路書店：www.showwe.com.tw
政府出版品網路書店：www.govbooks.com.tw

永不絕版的故事・自己寫・永不休止的音符・自己唱